Jürgen Dahl

Die Verwegenheit der Ahnungslosen

Über Genetik, Chemie
und andere
Schwarze Löcher
des Fortschritts

Klett-Cotta

Der Beitrag »Der Blinde Fleck der Genetik«
ist in der Zeitschrift DIE DREI,
Verlag Freies Geistesleben, Stuttgart,
veröffentlicht worden; alle übrigen Stücke
des vorliegenden Bandes sind in der
Zeitschrift SCHEIDEWEGE,
Verlag Max-Himmelheber-Stiftung,
Baiersbronn, erschienen.

CIP-Titelaufnahme der Deutschen Bibliothek
Dahl, Jürgen:
Die Verwegenheit der Ahnungslosen:
Über Genetik, Chemie u. andere Schwarze Löcher
d. Fortschritts / Jürgen Dahl. –
Stuttgart: Klett-Cotta, 1989
ISBN 3-608-93151-1

Verlagsgemeinschaft Ernst Klett Verlag –
J. G. Cotta'sche Buchhandlung
© Ernst Klett Verlage GmbH u. Co. KG,
Stuttgart 1989
Printed in Germany
Umschlag: Klett-Cotta-Design
In Bleisatz 10/12 Punkt Walbaum-Linotype
von Alwin Maisch, Gerlingen
Druck: Auf säurefreiem und holzfreiem
Werkdruckpapier von Cartiere del Garda
in Buchdruck vom Verlagsdruck, Gerlingen
Binden: Lachenmaier, Reutlingen

Für
Max Himmelheber
in Dankbarkeit

Inhalt

Prolog:
Per aspera ad absurdum

Auf dem Weg zum Ende aller Finten

Es ist wie Kirmes. Buden, Karussells, ein Riesenrad. Doktor Eisenbart, auf einem hohen Podest, verpflanzt Pavianherzen in kranke Babies. Der Schlangenbeschwörer lockt endlose Computerbänder aus einer Plastiktonne. Die Wahrsagerin verheißt allen gegen geringe Gebühr ein Leben in Frische und Freizeit. Zwei spielen um die Wette Haut-den-Lukas und lassen sich immer neue Bleigewichte an die Hände binden, um immer noch stärker zu werden. Auf den Lebkuchenherzen steht in Zuckerguß »Ich liebe mich«. In der Illusionistenschau gibt es einen nackten Mann, dessen Körper von Stromstößen durchzuckt wird; in der linken Hand hält er einen Erzbrocken, in der rechten eine Glühbirne, die bei jedem Stromstoß aufleuchtet. Im Autoscooter rasen sie jubelnd aufeinander los und bohren sich ineinander, die Ambulanzen haben viel zu tun, aber die Schmerzensschreie gehen im Kirmeslärm unter.

Auf dem Riesenrad sitzt der Forschungsminister, wirft Satelliten in die Luft und verkündet, die Grenzen des Wachstums seien nur Grenzen der Phantasie gewesen, es gebe neue Wachstumsfelder, Mikroelektronik und Gentechnologie zum Beispiel — und von oben nimmt sich alles imposant und funkelnd aus.

Unten aber stolpert man über viele Kabel, es riecht nach Unrat, der Lärm ist unerträglich, Taschendiebe treiben ungeniert ihr Wesen, dabei weht ein eisiger Wind zwischen den Buden, und unter Doktor Eisenbarts Podest hocken in einem Käfig drei traurige Paviane. Aber Doktor Eisenbarts Paviannummer ist schon fast vergessen, kaum daß sie beendet ist. Die Leute strömen weiter, es gibt noch mehr zu sehen auf dieser Kirmes:

11

Die Befruchtung menschlicher Eier im Reagenzglas ist längst ein florierender Geschäftszweig, die Spannung gilt jetzt nur noch der Frage, wann es möglich sein wird, diese Eier nach den Wünschen der Eltern genetisch zuzurichten, und wann zum ersten Mal ein Elternpaar beschließen wird, ein Ei teilen und seine eine Hälfte ins Kühlfach legen zu lassen, um dann, wenn die erste Hälfte gut geraten ist, den tiefgefrorenen Zwilling nachzubestellen. Und während schon die ersten Mietmütter fremder Leute Eier ausgebrütet haben, gibt es zaghafte Vorschläge für ein Verbot der Mietmutterschaft; weshalb man anderwärts um so eifriger an der Konstruktion von Brutapparaten arbeitet, mit dem Endzweck, die Erzeugung eines Menschen schließlich vollautomatisch abwickeln zu können, wodurch die Geschmacklosigkeit zwar auf die Spitze getrieben, zugleich aber juristisch praktikabler wird. Die Kirchen, die, wenn es um den Schwangerschaftsabbruch geht, stets erklären, mit der Verschmelzung von Ei und Samen sei auch die unsterbliche Seele geboren, sehen schweigend zu, wenn die überzähligen Reagenzglasseelen in den Ausguß gekippt werden.

Natürlich widmet man sich nicht nur der Fortpflanzung. Die Umpflanzung von Organen ist ein anderes Arbeitsfeld mit großen Wachstumschancen, und während man beteuert, dies dürfe nie und nimmer eine Sache des Kommerzes werden, sind anderwärts schon Organe zu Festpreisen erhältlich, und ein deutscher Medizinprofessor hat öffentlich gefordert, man möge die Ärzte durch Sonderhonorare zu größerem Eifer beim Ausbau nicht mehr benötigter Ersatzteile ermuntern. Die Sozialpflichtigkeit des Leichnams ist noch nicht Gesetz, doch denkt man schon darüber nach, ob sich die Weigerung gegen Organspenden nicht als unterlassene Hilfeleistung kriminalisieren ließe, damit man den Bedarf decken kann, der das Angebot derzeit noch weit übersteigt, so daß — so taktvoll wie möglich — große Freude über jeden verunglückten Motorradfahrer aufkommen muß, und die Krankenschwestern an der Universitätsklinik von Stanford, stets um Spenderherzen verlegen, sprechen deshalb auch nicht mehr von Motorrädern, sondern von »Spenderrädern«. Der menschliche Körper als solcher ist zum verwertbaren Gegenstand geworden. Das wird fatale Folgen haben.

Das Arsenal der Medikamente und Geräte, die Zahl der diagnostischen und therapeutischen Techniken wächst Tag für Tag weiter, auf dem geraden Weg ins Unermeßliche. Soeben hat man ein Verfahren erfunden, mit dessen Hilfe sich ermitteln läßt, ob ein Raucher genetisch das Zeug hat, einen Lungenkrebs zu entwickeln oder nicht

– da wird es auf der Kirmes bald eine Bude geben, wo jedermann sich seine Prognose abholen kann –

und wenn der Präsident des Deutschen Sportärztebundes nicht ausschließen will, daß mit Hilfe eines neuen Medikamentes demnächst Hochspringer und Basketballer von 2 Meter 20 erschaffen werden könnten, dann darf man daraus die Gewißheit ziehen, daß dies tatsächlich geschieht – und das ist nur ein kleines Stück des großen Wachstumsfeldes, von dem der Forschungsminister gesprochen hat.

An dem Tag aber, da Mr. William J. Schroeder in Louisville/Kentucky ein Kunstherz erhielt, starben auf der Welt 100 000 Menschen den Hungertod, 140 in der Minute: der Tod als Pulsschlag der Erde. Selbst wenn es keine Zusammenhänge zwischen dem Überleben des Mr. Schroeder und dem Sterben der hunderttausend gäbe, bliebe dieses Bilderpaar vom Leben und Sterben bestürzend.

(Freilich *gibt* es Zusammenhänge zwischen dem Reichtum eines Landes, in dem man eine halbe Million Mark für eine Kunstherzoperation auswerfen kann – und der Armut jener Länder, in denen die Menschen verhungern, weil ihre Nahrungsmittel als Viehfutter ins Kunstherzland geliefert werden, im Tausch gegen zivilisatorischen Krimskrams, der Abhängigkeit, Schulden und Elend früher oder später nur noch vergrößert.)

Daß Mr. Schroeder für viel Geld ein Kunstherz bekam, hat weniger mit Humanität zu tun als vielmehr mit *Humana*; das ist ein medizinisches Großunternehmen, welches 15 Milliarden Mark im Jahr umsetzt und nun das Kunstherz in sein Verkaufsprogramm aufgenommen hat. Mr. Schroeder war nur eine Art Werbespot: Für die nächsten Jahre rechnet *Humana* mit dem Verkauf von hundert Kunstherzen. Das ergibt einen hübschen Batzen und läßt zugleich ahnen, daß mit dem Äußersten, was der Medizinbetrieb möglich macht, bald auch die äußersten Grenzen der Bezahlbarkeit erreicht sein werden.

Ein einziger Bluter, sachgemäß behandelt, brachte vor einiger Zeit eine Allgemeine Ortskrankenkasse an den Rand des Ruins; ein einziger Herzpatient, mit einem frischen Transplantat versehen, braucht Monat für Monat bis an sein Lebensende so viel Medikamente, daß fünf Briefträger das ganze Jahr über gesund bleiben müssen, um mit ihren Krankenkassenbeiträgen jenes eine Herz am Leben zu erhalten.

Währenddessen erfinden die Erfinder unentwegt Medikamente und neue, immer kompliziertere und immer teurere Apparaturen, und da diese sich amortisieren müssen, ist eine Diagnose oder eine Behandlung im Wert von tausend oder zehntausend Mark leichter zu erlangen als für einen Groschen Barmherzigkeit.

Die Gesundheitsindustrie hat in den Vereinigten Staaten von Amerika inzwischen mit einem Jahresumsatz von 400 Milliarden Dollar die Autoindustrie überrundet. Aber was sich in solchen Zahlen spiegelt, ist nur ein Teil des Gesamtaufwandes, es reicht nicht aus, um alles in die Tat umzusetzen, wozu die Medizin imstande ist. So werden wir unablässig zum Spenden aufgefordert – für die Krebsvorsorge, für die Multiple Sklerose, für die Kinderlähmung; unzählige öffentliche Institute widmen sich der medizinischen Forschung auf Staatskosten, und wenn man noch hinzuzählt, was das Publikum über all dies hinaus auf eigene Rechnung gegen wirkliche und eingebildete Krankheiten unternimmt, dann sieht es so aus, als läge das Idealziel aller menschlichen Aktivitäten darin, daß das Bruttosozialprodukt schließlich nur noch aus medizinischen Leistungen besteht.

An Versuchen, diese tragische Hypertrophie der Heilkunst einzudämmen, hat es nicht gefehlt, doch war ihnen kein Erfolg beschieden.

Wie denn auch anders? Sollen die Medizintechniker einfach aufhören zu erfinden? Soll man den Pharmazeuten die Suche nach neuen Medikamenten verbieten? Sollen die Genetiker ihre Forschungen einstellen? Soll irgend jemandem irgendeine der verfügbaren Segnungen auf dem Verwaltungswege verweigert werden? Soll das Leben eines Bluters keine lumpigen paar Millionen Mark wert sein, wenn ein Tornado 80 Millionen kostet und wenn die etwas gesünderen Zeitgenossen 40 Milliarden im Jahr allein für alkoholische Getränke ausgeben? Was sind dann 50 000 Mark für ein Retortenbaby oder 500 000 für eine Herzverpflanzung?

Die Vergleiche klingen einleuchtend und jede Widerrede zynisch. Es ist aber kein Zynismus dabei, wenn man vorhersagt, daß die weitere Steigerung diagnostischer und therapeutischer Möglichkeiten früher oder später — und eher früher als später – selbst durch einen völligen Verzicht auf Alkohol und Landesverteidigung nicht mehr aufgewogen werden könnte.

Denn hinter der folgerichtigen Weiterentwicklung, deren jede Stufe begeistert begrüßt und als Menschheitstat gefeiert wird, lauert die Absurdität einer Heilung um jeden und jeden Preis. Aus der schönen und menschlichen Absicht, zu helfen und zu heilen, ist ein Erwerbsunternehmen von gigantischem Ausmaß geworden, das rücksichtslos unsere gesamte Barschaft verschlingen will — und das sich übrigens kaum darum schert, ob nicht der größte Teil der Krankheiten, die es bekämpft, durch eben jene Lebens- und Arbeitsweisen entsteht, die zugleich — wenigstens bislang noch – die Finanzierung des Gesundheitswesens ermöglichen. Da rundet sich das Bild vom modernen Leben — es ist das Bild eines Teufelszirkels: Das Leben ist ungesund, aber nur auf ungesunde Weise läßt sich das Geld verdienen, das man braucht, um die Folgen des Ungesunden zu reparieren.

So wird dieses Gesundheitswesen erst dann aus dem jubelnden Delirium erwachen, wenn wir zahlungsunfähig geworden sind. Dann, natürlich, wird man uns achselzuckend mit unseren Schmerzen allein lassen.

Die Pleite steht so nah bevor, daß es nur vernünftig wäre,

wenn man sich schon jetzt Gedanken darüber machte, wie man denn dann die Verteilung der noch verbleibenden medizinischen Segnungen arrangieren will: Etwa so, daß alles, was über ein gewisses Limit geht, nur noch jenen zugute kommt, die auch das Geld haben, es zu bezahlen? Nur wer reichlich Kirmesgeld in der Tasche hat, darf zu Doktor Eisenbart aufs Podest? Oder wird man, wie vor Jahr und Tag bei den ersten künstlichen Nieren, die Grausamkeit der Selektion hinter der Schein-Ethik irgendwelcher Kriterienkataloge verstecken, nach denen dann der vierzigjährige Familienvater weiterleben darf, der fünfzigjährige Junggeselle hingegen zum Sterben verurteilt wird?

Noch brennen die Lichter auf der Kirmes, noch sind die Buden geöffnet, noch rufen die Ausrufer, noch wird rezeptiert, operiert, therapiert und experimentiert. Aber die Sperrstunde ist nicht weit. »Couvrez le feu« hieß ein altes Kommando dafür, – bedeckt das Feuer. Da wird es kalt werden.

Im Autoscooter wird ein Delirium anderer Art begangen. Da brüllen die Leute immerzu »Freiheit, Freiheit!« und meinen die Fortbewegung als solche, die Annäherung an die Bewußtlosigkeit bei immer noch zunehmender Geschwindigkeit.

Und während auf dem Gebiet des Gesundheitswesens Unsummen ausgegeben werden, um jeden Leib und jedes Leben so lange wie nur irgend möglich zu erhalten, ist man, wo es um die Fortbewegung geht, willig bereit, die eigene Unversehrtheit und die der anderen zu opfern, wenn nur die Freiheit der Mobilität uneingeschränkt erhalten bleibt.

Die Blutopfer des Automobilverkehrs waren schon in den ersten Anfängen beträchtlich und um so erschütternder, als sie vornehmlich von jenen erbracht werden mußten, die selber noch zu Fuß gingen. Man fand es folgerichtig, sie allmählich von der Straße zu verbannen, schließlich sogar in unterirdische Tunnel zu schicken, – aber von solchen halbherzigen Vorsichtsmaßnahmen abgesehen, verdrängte die seltsame Faszination des Automobils fast jede vernünftige Überlegung, wonach ein derart mörderisches, eher einem Geschoß vergleichbares Instrument

16

nur unter äußersten Sicherheitsvorkehrungen auf eigenen Fahrwegen hätte verkehren dürfen, und selbstverständlich mit der Einschränkung, daß jeder, der auch nur einmal den nötigen Ernst bei der Handhabung hätte vermissen lassen, künftig von der Benutzung dieses Fortbewegungsmittels ausgeschlossen worden wäre, so wie man jemandem den Waffenschein entzieht, wenn er mit seiner Pistole Unfug treibt.

Ein schier unentwirrbares Knäuel wirtschaftlicher, politischer, militärischer und psychologischer Ursachen hat bewirkt, daß das Auto niemals gebremst, seine Fortentwicklung vielmehr nach Kräften begünstigt wurde. Heute reicht selbst der in Japan und in den Vereinigten Staaten unwiderleglich geführte Nachweis, daß schon eine Verringerung der Höchstgeschwindigkeit den Blutzoll zu mindern vermag, der für diese Art der Fortbewegung zu entrichten ist, nicht aus, um wenigstens nachträglich nach den schicklichen Grenzen des Zumutbaren zu suchen. Kein Vorwand ist zu töricht, keine Statistik zu windig, als daß man sie nicht benutzte, um, beispielsweise, die einleuchtende Forderung nach einem Tempolimit abzuwehren und als meuchlerischen Anschlag auf die bürgerlichen Freiheiten zu denunzieren oder für die täglichen Kindermorde auf den Straßen die Unberechenbarkeit von Kindern und nicht das Vorhandensein von Autos verantwortlich zu machen.

Untrennbar verbunden mit der Entwicklung des Automobils war ein wuchernder und brutaler Straßenbau, der auf seine Weise die Zerstörung sinnfällig werden läßt, die das Automobilwesen über die Welt gebracht hat. Das Auto und die Straßen, die man ihm bereitet hat, sind wahrscheinlich diejenigen Produkte unserer hundertjährigen Technik-Episode, die am meisten zur Verwüstung der Erde beigetragen haben, ja, ohne welche die Verwüstung gar nicht hätte vonstatten gehen können.

Die Städte wurden zu Höllen aus Lärm und Dreck, das Land zerfetzt, die Natur vergiftet, und die Verbindungen, die man mit dem Auto herstellen wollte und hergestellt hat, bieten doch, aus einigem Abstand betrachtet, eher das Bild einer beispiellosen Zerrissenheit: Das Auto treibt die Menschen mehr auseinander als zueinander, und die Zeit, die man zu gewinnen trachtete, hat man schließlich doch verloren und hat nun gar keine mehr: ein Triumph des Absurden.

Und da diese Welt bis in die lächerlichsten Details hinein auf die Nötigungen des Autoverkehrs hin verändert worden ist, ist es irreführend, wenn man den Kritikern dieser Absurdität zu antworten pflegt: ohne Auto gehe es nun nicht mehr. Die Frage wäre ja nicht, wie man in einer Autowelt ohne Auto zurechtkäme, sondern: wie sich die Welt wieder in eine verwandeln ließe, in der man auch ohne Auto leben kann. Aber wer diese Frage stellt, muß damit rechnen, für verrückt erklärt zu werden.

Kein Waldsterben, keine Einsicht in die vergiftende und zerstörende Wirkung des Autoverkehrs, keine Scham über die Brutalität des Tötens und Demolierens, kein Erschrecken über den Aberwitz einer zum Lebensprinzip hochstilisierten Mobilität, keine Erkenntnis der vielfältig zerrüttenden Kraft einer immer weiter gesteigerten Beschleunigung vermöchte dem Delirium des Straßenverkehrs Einhalt zu gebieten. »Mein Auto fährt auch ohne Wald« jubelt ein schweizerischer Autoaufkleber, und daß bei uns jeder Siebte vom Automobil lebt, gilt als gewichtiges Argument für die weitere Verhätschelung des Sorgenkindes, während sich doch bei nüchternem Nachdenken schnell erweist, daß gerade eine solche lebensgefährliche Abhängigkeit gar nicht zur Rechtfertigung taugt, sondern umgekehrt der Anlaß für die Suche nach einer neuen Mobilitätsphilosophie sein müßte.

Es ist wie Kirmes. Im Autoscooter prescht man aufeinander los, das Unternehmen hat orgiastische Züge, – wer wollte und wer könnte da Vernunft ins Spiel bringen. Der Autoscooter ist so lange in Betrieb, wie die Kirmes geöffnet ist und die Leute noch Geld haben, um Chips zu kaufen.

Das Auto verwandelt seinen Treibstoff in schieres Gift. Die endlich nicht mehr aufzuschiebenden Bemühungen, dieses und tausend andere Gifte der Zivilisation unschädlich zu machen, sind größtenteils provisorischer oder illusorischer Natur: Gift läßt sich fast immer nur verschieben, umlagern, anhäufen, bestenfalls verbergen.

Es ist wie Kirmes: Hinter allen Buden, im Schatten, türmt sich der Müll zu hohen Bergen, und alles Trachten der Budenbesitzer ist darauf gerichtet, die Fassadenbretter immer frisch zu pinseln, damit der Blick nicht auf die Unrathaufen im Hintergrund fällt.

Es gehört zum Wesen des Fortschritts der letzten hundert Jahre, daß seine Abfälle immer gefährlicher wurden und daß sie immer schwieriger zu beseitigen sind. Genau genommen sind die meisten von ihnen überhaupt nicht zu beseitigen, – teils deshalb, weil sie sich viel zu fein verteilen, als daß man sie je wieder einsammeln könnte, teils aber auch, weil die Verstecke, die man für den Dreck findet, eben immer nur Verstecke sind: Niemals ist auszuschließen, daß das, was man versteckt zu haben glaubte, wieder hervorquillt und neues Ungemach bereitet.

Wenn man hört, daß noch vor zehn Jahren eine zentrale Sondermüll-Deponie auf eine Weise eingerichtet worden ist, die von den zuständigen Experten heute als »unwahrscheinlich dilettantisch« bezeichnet wird, dann läßt sich wohl ahnen, daß künftige Generationen gar kein Geld mehr für künstliche Herzen und schnelle Wagen übrig haben werden, weil sie ihre gesamte Barschaft an den Versuch wenden müssen, sich die tödlichen Überbleibsel von hundert Jahren Industriegesellschaft vom Halse zu halten, nicht zu ersticken am Auswurf ihrer Ahnen.

Manches kommt ja jetzt schon zum Vorschein. Da werden dann Brunnen stillgelegt und Deponien abgetragen, Ackerflächen aufgelassen und ganze Siedlungen abgerissen. Nichts ist naiver als die Hoffnung, dies wären vereinzelte, leicht zu bewältigende Pannenfälle. In Wahrheit sind es Probefälle für eine Zukunft, in der, bei Strafe des Todes, der Dreck eines Jahrhunderts aufgearbeitet werden muß, koste es, was es koste.

Es gehört zu den Absurditäten eines immer noch unentweg-
ten Fortschreitens in der gewohnten Richtung, daß die vermeintliche Reinigung selbst den neuen Kehricht hervorbringt:
Wenn Kraftwerke neuerdings entschwefelt werden, dann entsteht in den Filteranlagen Gips. Weil dieser Gips aber giftige
Schwermetalle enthält, die nicht ins Grundwasser gelangen
dürfen, läßt sich nur ein kleiner Teil davon weiterverwenden.
So besteht der Preis für die Entschwefelung der Kraftwerke
darin, daß man anstelle von zwei Millionen Tonnen Schwefeldioxid vier Millionen Tonnen giftigen Gips produziert und in
alle Ewigkeit auf Deponien wohl verwahren muß. Nicht nur
in diesem Fall, sondern auch in tausend anderen erweist sich
der sogenannte Umweltschutz als eine Form der Umbuchung,
die am Gesamtergebnis der Bilanz nicht viel oder gar nichts
ändert.

Die Gifte, die wir produzieren oder die bei unseren Produktionen nebenher anfallen, sind nicht aus der Welt zu schaffen,
sie verteilen sich, sinken nieder, sickern ein, oft nur in kleinen
Mengen, aber das summiert sich, reichert sich an, das stäubt
und fließt und wandert.

Die Böden sind getränkt mit Milliarden Tonnen jener Agrar-
chemikalien, die seit Jahrzehnten als unerläßliche Voraussetzung einer rentierlichen Nahrungsproduktion gelten und die
langsam, ganz langsam, zum Grundwasser hin wandern oder
mit dem Regen in die Flüsse gespült werden. Die Gewässer
sind samt und sonders verdorben, in unterschiedlichem Maße,
aber doch so, daß es längst als etwas sehr Bemerkenswertes gilt,
wenn man in irgendeinem Fluß oder See noch baden kann oder
wenn es darin noch Fische gibt, die keinen Krebs haben. Kein
Regenguß, der nicht auch Säuren und Schwermetalle in den
Boden brächte, kein Brunnenwasser, aus dem man ohne vor-
herige Überprüfung Säuglingsnahrung bereiten dürfte. Kaum
ein Flecken Land, von dem man bedenkenlos Pilze oder Pflanzen ernten könnte, kaum ein Streifen Erde, der nicht verbleit
oder auf irgendeine andere Weise ein für allemal denaturiert
ist. Wo der Klärschlamm mit den angereicherten Giften der
Abwasserfluten auf Ackerland verteilt wird, wo schwermetall-

haltige Pestizide benutzt werden oder wo von Zeit zu Zeit die trübe Brühe der Flüsse über die Ufer tritt und die Felder tränkt, da findet man Blei, Kupfer, Chrom, Cadmium, Zink und Nikkel, da werden allenthalben die ohnehin provisorischen Grenzwerte überschritten, die der Gesetzgeber festgelegt hat. Was sich an chlorierten Kohlenwasserstoffen und anderen organischen Giftsubstanzen in den Böden abgelagert hat, ist noch kaum untersucht. Die Unkenntnis schützt uns einstweilen vor dem blanken Entsetzen, das uns packen müßte, wenn wir wüßten, was da lagert, aber sie wird uns nicht schützen vor dem schrecklichen Erwachen.

Bodenerosion und Vergiftung durch eine brutale Agrartechnik und durch die Flut der Industrie- und Haushaltsgifte haben einen Grad erreicht, der Zusammenbruch des Bodenlebens hat so dramatische Formen angenommen, daß ein dem Waldsterben ähnliches Ereignis bei unseren Nahrungspflanzen nicht nur möglich, sondern mit Sicherheit zu erwarten ist, nachdem die Wildflora ohnehin zu einem Drittel bereits ausgestorben oder in ihrem Bestand gefährdet ist und ihr Lebensraum tagtäglich weiter eingeengt wird.

Die Litanei vom Gift ist langweilig, weil sie nicht enden will. Aber wie sollte sie denn enden, wenn eben jetzt, Stück für Stück, die Rücksichtslosigkeit und Bedenkenlosigkeit vergangener Jahrzehnte zum Vorschein kommen und ihren Preis fordern, und wenn die Rücksichtslosigkeit und die Bedenkenlosigkeit unvermindert weiterbestehen – woran gelegentliche gesetzgeberische Bemühungen, am großen Ganzen gemessen, so gut wie nichts ändern.

Die Litanei vom Gift ist langweilig, weil sich da Einzelfall an Einzelfall reiht. Die Gewöhnung hat bewirkt, daß jeder Hinweis auf den umfassenden und allgegenwärtigen Charakter einer unausweichlichen Vergiftung als törichte Schwarzmalerei verdächtigt werden kann. Und wenn in Bhopal an einem einzigen Tag zweitausend Menschen jämmerlich verrecken, weil irgendein Tank nicht dicht hielt, dann beeilt man sich, uns zu versichern, dies könne hierorts nie passieren – als käme es darauf an, daß *dies* und daß es *hier* passieren könnte. Es passiert etwas anderes und es passiert anderswo und bleibt ein Einzelfall in einer langen Litanei.

Aber all diese Einzelfälle, ihre wachsende Zahl und ihr wachsender Umfang reichen aus, um im Rückblick zu erkennen, daß es immer schlimmer gekommen ist und daß die folgerichtige Weiterentwicklung unserer chemisch-technischen Zivilisation mit unbeirrbarer Konsequenz zu der Absurdität führen muß, daß diese Zivilisation dereinst nichts Wichtigeres mehr zu tun haben wird, als ihre Opfer zu versorgen und ihren eigenen Giften zu entrinnen.

Die Experten sind ratlos. Hie und da greifen sie aus der überwältigenden Fülle eine Substanz heraus, reden dann ein paar Monate von Formaldehyd oder PCB oder Dioxin, aber hinter all den täglichen Floskeln von Grenzwerten, von Prioritäten, von Wirkungsforschung und vom immer unzureichenden Etat bleibt eine sehr schlichte Wahrheit unsichtbar:

Niemand weiß, ob auf dieser Erde 50 000 oder 60 000 oder 70 000 künstliche Substanzen in mehr oder weniger großen Mengen erzeugt werden; niemand weiß – von einem Bruchteil abgesehen –, welche Wirkungen diese Stoffe auf den Menschen, auf den Boden, auf Pflanzen und Tiere haben; noch viel weniger ist bekannt, welche Wechselwirkungen sich dann ergeben, wenn zwei oder drei dieser Stoffe zusammentreffen, und erforschen läßt es sich schon deshalb nicht, weil niemand genau weiß, wo all diese Stoffe freigesetzt, angewendet oder weggekippt werden, und weil die Stoffe und Wesen der Erde viel zu kompliziert miteinander verknüpft sind, als daß man auch nur von einer einzigen Substanz hoffen könnte, ihren Weg durch die sogenannte Umwelt zu enthüllen – geschweige denn von 50 000 Substanzen.

Die Bemühungen der Experten sind (und wären es auch bei vervielfachtem Forschungsetat) nur Geschäftigkeiten, die eine absolute Hilfslosigkeit verbergen, Fassadenbretter, die den Blick auf ein Meer von Giften verstellen.

Es ist wie Kirmes. Wenn der Mann, der in der Illusionistenschau den Stromtrick vorführt und die Lampe in seiner Rechten

aufleuchten läßt, abgetreten ist, dann kommen Kapuzenmän-
ner mit Eimern gelaufen und kehren die Asche auf, die der
elektrische Mann hinterlassen hat, und schaffen sie nach drau-
ßen, auf den Müllberg hinter der Bude.

Daß die Abfallberge des Fortschritts nicht eigentlich beseitigt
werden können, sondern als eine immer wachsende Last vorhanden bleiben, mit welchen Tricks und Finten man sie auch
unsichtbar zu machen versucht, — das wird am eindringlichsten
beim Atommüll klar. In den Zeiten früher Atom-Euphorie
wurde für die sogenannte friedliche Nutzung der Atomenergie
noch mit dem anschaulichen Bild geworben, daß eine kleine
Handvoll Uran den Strombedarf einer Großstadt für mehrere
Jahre zu decken vermöchte. Von der Asche und ihrem unermeßlich viel größeren Volumen war wohlweislich nicht die Rede,
und wenn ängstliche Laien das Thema zur Sprache brachten,
wurden sie als ängstliche Laien ausgelacht. In diesen Zeiten,
als die Atomtechniker sich gebärdeten wie Knaben, die das per-
petuum mobile erfunden zu haben glauben, da hoffte man, das
Problem der strahlenden Atomasche werde sich, kommt Zeit,
kommt Rat, gewissermaßen von selbst lösen, wenn es erst drän-
gend genug geworden sei.

Man sah sich nach Verstecken um, glaubte sie in alten Salz-
bergwerken gefunden zu haben – aber noch heute streiten sich
die Experten darüber, ob das Salzgestein denn wirklich imstande sein wird, den heißen Unrat auf die Dauer geologischer
Zeiträume zuverlässig vom oberirdischen Leben abzuschirmen,
oder ob nicht durch Erhitzung, durch Laugenströme, durch Bil-
dung von Klüften und durch Gott weiß welche anderen Ereig-
nisse als Plage über spätere Generationen hereinbrechen wird,
was man jetzt als Last in der Tiefe deponiert.

Man gießt den Müll in Glas oder Beton ein, verschließt ihn
in große Tonnen aus feinsten Spezialstählen, aber der Dämon
in der Flasche bleibt am Leben und die Flasche selbst ein Pro-
visorium: Der Abfall wird eingemacht und nicht beseitigt, und
auch alle anderen, schier verzweifelt klingenden Vorschläge für
andere Einmachmethoden können die Erkenntnis bestenfalls

verschleiern: daß die Rückstände der Atomenergie-Erzeugung wirklich und wahrhaftig nicht und niemals zu beseitigen, sondern immer nur zu verstecken sind, daß alle Voraussagen über ihr künftiges Verhalten unverläßliche Spekulation bleiben müssen, und daß selbst diese behelfsmäßige Lösung einen gigantischen Aufwand an Verpackungsstoffen, an Energie und schließlich an ununterbrochener, aber niemals zu sichernder Aufsicht über Jahrhunderttausende erfordert. Kein sterblicher Wissenschaftler kann es wagen, vorauszusagen, ob dieser Aufwand nicht eines Tages weit über das hinausgehen wird, was die Erzeugung heißen Wasserdampfes mit diesem Verfahren an Gewinn erbracht hat, vielleicht auch weit über das hinaus, was die Menschheit nachträglich zu leisten willens oder imstande ist. Es gibt begründete, mit Zahlen belegte Schätzungen, wonach die Energiemenge, die man für alle Stufen des Verfahrens von der Erz-Aufbereitung bis zum Abbruch ausgedienter Kraftwerke und dem Verstecken der Abfälle braucht, größer sein könnte als die Menge der damit erzeugten Energie – und dabei sind, nach nur vier Jahrzehnten Atomtechnologie, zweifellos noch längst nicht alle Komplikationen erkannt, mit denen man es hier zu tun bekommen kann.

Folgerichtig und beharrlich — freilich auch: mit unzuträglicher Eile — ist diese Technologie entwickelt worden, aber sie mündet ins Absurde, wenn sie schließlich nichts anderes erbringt als sich selbst und wenn sie, weil Atome und Strahlen im Gegensatz zu fast allen anderen Apparaturen und Verfahren neuzeitlicher Technik nicht einfach abgeschaltet werden können, in alle Ewigkeit der menschlichen Fürsorge bedarf.

Die letzte Steigerung des Absurden vollzieht sich bei den Wiederaufarbeitungsanlagen, in denen vor der sogenannten »End«lagerung noch einmal das Brauchbare vom Unbrauchbaren geschieden werden soll. Das ist ein technologisches Abenteuer von ganz neuen Dimensionen, welches wiederum einen immensen Aufwand und eine übermenschliche Unfehlbarkeit erfordert und dann im allerbesten Falle damit endet, daß die Wiederaufarbeitungsanlagen selber zu strahlendem Müll werden, zerhackt und in Beton und Glas eingegossen und versteckt werden müssen, was in Anlagen geschieht, die nach einigen Jahren zerhackt und in Glas und Beton eingegossen und versteckt werden müssen, – und so weiter.

Das dreht sich im Kreise wie das Karussell auf der Kirmes, die Leute werden vom Schwindel gepackt, und damit ihnen nicht übel wird, greift man zur Beschwörung:

Die englische Wiederaufarbeitungsfabrik Windscale wurde einfach in Sellafield umbenannt, nachdem durch einen schweren Unfall, aber auch durch den Normalbetrieb der Anlage, eine unablässige, erst in den letzten Jahren aufgedeckte radioaktive Verseuchung der Umgebung verursacht worden war. Daß der Ort des Schreckens nun Sellafield heißt, ändert aber nichts daran, daß die Atomabfälle, die man hierhin schafft – auch deutsche übrigens – ein neues Risikopotential bilden. Die Kräfte, die hier freigesetzt werden, sind durch beschwörenden Namenszauber nicht zu bannen.

Die neue Technologie hat einen Wirbelsog erzeugt, dem man nicht durch schlaue Navigation, sondern höchstens durch einen Sprung noch entkommen könnte – aber selbst dieser Sprung scheint kaum mehr möglich, da sich im Gravitationszentrum des Wirbels die Militärs aufhalten; sie bemächtigen sich des stetig anfallenden Plutoniums, um ihre Overkill-Kapazität, die Fähigkeit zum vielmilliardenfachen Tod, immer noch und immer noch weiter auszubauen.

Es ist wie Kirmes. Am Haut-den-Lukas hauen sie um die Wette und lassen sich immer neue Bleigewichte an die Arme binden, bis sie kaum mehr laufen können.

Manchen gilt diese sogenannte Rüstungsspirale, nun schon in den Weltraum hineinreichend, diese Anhäufung von Tod und Gegentod, als das eigentliche Delirium, als die ganz große lebensbedrohende Absurdität der Gegenwart, und diesen Waffentanz zu beenden erscheint ihnen als der Inbegriff des Rettenden.

Gewiß ließe sich mit diesem Arsenal das Leben der Erde über Nacht auslöschen, und die Furcht, daß dies geschehen könnte, ist wohlbegründet. Gleichwohl ist die Bewaffnung mit technischen Apparaturen von höchster Präzision und unvorstellbarer Zerstörungskraft nichts weiter als nur *ein* Zweig jenes technisch-industriellen Fortschritts, der auch auf fast allen anderen Gebieten Waffencharakter hat, Zerstörungspotenzen freisetzt und aufhäuft, und, ebenso wie die militärische Potenz, den Wahn nährt, auf diese Weise könne man sich schützen, gegen alles, gegen Krankheiten, gegen Tod und Feinde, gegen Langeweile, Blattläuse und verstopfte Abflußrohre. Keine technische Errungenschaft ist frei vom Element des Zerstörerischen – und sei es nur, daß sie die Stille zerreißt.

Es ist wie Kirmes. Wenn die Männer am Haut-den-Lukas einmal innehalten, dann hört man die Flötentöne des Schlangenbeschwörers, und je länger er flötet, um so mehr Computerbänder und Kabel ringeln sich in die Höhe, steigen aus Erdschächten empor und schicken sich an, alles und jedes auf dieser Kirmes einzuwickeln wie in ein Netz; schon sieht man den einen oder anderen, der sich von den Schnüren zu befreien sucht, weil er fürchtet, stranguliert zu werden. Aber der Schlangenbeschwörer flötet weiter, und vom Riesenrad herunter droht der Forschungsminister: die Mikroelektronik sei ein Wachstumsfeld, auf dem es noch viel zu holen gebe.

Tatsächlich läßt sich nur von ferne ahnen, was alles die unaufhörliche Vermehrung der Bänder und Kabel uns noch bescheren wird. Nur in Gleichnissen läßt sich andeutungsweise fassen, wie es auf diesem Wachstumsfeld wohl zugehen mag. Daß die modernsten Bedürfnisanstalten der Welt, die in Paris stehen, elektronisch gesteuert sind und daß sie nach Ablauf einer Viertelstunde die Spülung in Gang setzen und die Tür öffnen, ganz gleich, wie weit der Insasse mit seinem Bedürfnis wirklich gekommen ist, – das ist ein solches Gleichnis, ungenau und vielfältig deutbar und eben deshalb wohl passend auf eine Zukunft, in der auch die Bedürfnisse zu Funktionen werden, vielleicht auch das Funktionieren zum Bedürfnis.

Ein anderes Gleichnis: Eine englische Fabrik für Videogerätschaften der obersten Preisklasse warb mit dem Scherz, ihre Apparaturen seien in der Tat ziemlich teuer und für manchen Käufer könne das bedeuten, daß er dafür auf einen Geschirrspüler verzichten müsse — aber dieses Problem löse sich möglicherweise dadurch von selbst, daß man über dem phantastischen Apparat das Essen schier vergäße. Da kündigt sich, im Scherz, weit mehr an als nur ein neuer Zusammenhang zwischen der Unterhaltungselektronik und den Krankheiten des Magen-Darm-Traktes.

Auf solche und unzählige andere Arten werden alle Verrichtungen des Lebens, direkt oder auf Umwegen, ins Netz der Mikroelektronik gehen, mit allen Vorteilen der unmäßigen Bequemlichkeit, die daraus erwachsen, und mit allen Nachteilen der Kontrolle, der Überwachung, der Programmierung und der zunehmenden Eliminierung von Empfindungen, Bedürfnissen, Unwägbarkeiten und Unberechenbarkeiten.

Daß die Waschmaschinen und die Blindfluggeräte programmierbar sind, mag ja angehen; daß die Zentralheizung computergesteuert ist, mag als zivilisatorisches Ereignis gelten. Jenseits der platten Zwecke aber ist nicht mehr der Dienst am Menschen, sondern seine Vertreibung das letzte Ziel aller elektronischen Machenschaften. So wie die Welt seinerzeit auf das Auto hin umgebaut worden ist – was auf vielfältige Formen der Vertreibung hinauslief – so wird sie derzeit auf den Computer und die Mikroelektronik umgebaut, und wieder kann als Ergebnis nur ein weiterer Akt der Zerstörung und Vertreibung gedacht werden, keineswegs beschränkt auf die Vertreibung von Arbeitern aus den Produktionshallen. *Und Abschaffung der Menschheit*

Die schal gewordene Euphorie der Atomtechnik wird hier noch einmal nachgespielt: Schon gibt es Bildungsminister, die die Unkenntnis der Computertechnik als Computeranalphabetismus verhöhnen und auf schnelle Abhilfe drängen. In nachgerade naiver Folgsamkeit gegenüber einer Industrie, die mit Macht aufs neue Wachstumsfeld drängt, sorgen jetzt die Schul-

27

behörden dafür, daß schon die Kinder mit der sogenannten neuen Kulturtechnik bekannt gemacht werden. Ehe sie überhaupt richtig anfangen dürfen zu leben, werden sie dazu angeleitet, dieses Leben aufzulösen in eine Abfolge von Programmschritten, von rechnerisch analysierberen und synthetisierbaren Abläufen. Ehe sie die Möglichkeiten ihrer Sprache kennenlernen, erlernen sie die Grammatik und das Vokabular der Sprache, in der sie mit dem Computer kommunizieren können. Ehe sie lernen, sich selbst etwas zu fragen, lernen sie den Computer zu fragen – und der ist allemal schneller mit der Antwort dabei. Ehe sie den Erfolg von Erlebnissen verspüren können, appliziert man ihnen Erfolgserlebnisse, bei denen alles Handeln zuvor in Rechnen aufgelöst worden ist, und was jene Kinderfernsehprogramme, die bis an die äußersten Grenzen des Schwachsinns gehen, noch nicht zerstört und verschüttet haben, das wird jetzt aufgerieben bis zum letzten Rest.

Es ist wie Kirmes: Im Automatensalon stehen die Kinder Schlange, um unter Aufsicht staatlich geprüfter Lehrkräfte zu erlernen, wie man im Sitzen elektronisch Handball spielt oder wie man auf dem Bildschirm Ostereier sucht, und im Lachkabinett zeigt man einen älteren Herrn mit traurigen Augen vor, der einfache Sätze spricht wie: »Die Computer lähmen die Kreativität, die Erlebnisfähigkeit und lassen die Sprache verkümmern« – woraufhin die Bude unter dem dröhnenden Gelächter des Publikums erzittert.

Denn alles, was wirklich wichtig ist im Leben, läßt sich am besten mit einem Computer zusammen tun. Der Computer ist, wie die Annoncen immer wieder versichern, ein verläßlicher Freund für alle Lebenslagen, anspruchslos und stets bereit, und wer's nicht glaubt, den wird man es schon merken lassen.

Die künftigen Exzesse auf den Gebieten der Information, der Kommunikation, der Automatisierung, der Unterhaltungselektronik liegen im Entwurf schon vor, die Satelliten hängen am Himmel, die fortschreitende Verblödung des Publikums ist ersichtlich eingeplant, woran die Beherrschung der neuen

Kulturtechnik, also die Kenntnis der Codierungspraktiken, so wenig ändern wird wie die Versicherung einiger möglicherweise wohlmeinender Politiker, man wolle dafür sorgen, daß alles hübsch in den Grenzen des Schicklichen und Menschlichen bleibe.

Alle neuen Techniken und Verfahrensweisen der Industriezeit, die wir großspurig das Industriezeitalter nennen – wiewohl doch absehbar ist, daß es gar nicht mehr so lange währen kann und folglich in bezug auf seine Länge nicht den Anforderungen entspricht, die man an ein Zeitalter stellen kann –, alle neuen Techniken und Machenschaften dieser episodischen Zeitspanne sind von der Hoffnung und der hochheiligen Versicherung begleitet gewesen, sie würden sich wohltätig auswirken, wenn vernünftige Menschen damit auf vernünftige Weise umgingen, – aber in allen Fällen ist diese Hoffnung enttäuscht worden, und die Versprechen, es werde möglich sein, sind verweht.

Denn alle diese Techniken und Machenschaften enthielten von Anbeginn den Keim jeweils spezifischer Sachzwänge, die früher oder später den Mißbrauch, den Exzeß, den folgerichtigen Weg ins Delirium unausweichlich machten.

Die friedliche Nutzung der Atomenergie war immer nur ein Ableger der kriegerischen und führt immer zu ihr zurück, bleibt ihr untrennbar verbunden.

Die Chemie, die das Leben erleichtern, Hunger und Krankheit vertreiben sollte, ist dabei, die Welt so nachhaltig zu vergiften, daß Pflanzen und Tiere sich davonmachen – und niemals sind so viele Menschen Hungers gestorben wie in unseren Tagen, 140 in der Minute, der Tod als Pulsschlag der Erde. Je schneller man mit der Erschaffung einer künstlichen Stoff-Welt vorankam, um so weniger Zeit blieb, die möglichen Auswirkungen der neuen Substanzen zu erforschen, bevor man sie in die Umwelt entließ – statt dessen wartete man ungerührt ab, ob es wohl Ärger geben werde. Daß dieses Verfahren nicht frei von Zynismus ist, liegt auf der Hand, doch wird es weiter praktiziert: Die allerneuesten Waschmittelgrundstoffe, mit denen man die schädlichen Phosphate ersetzen will, dürfen produziert und verkauft werden, nicht *obwohl* man über ihr Verhalten in den Gewässern noch nichts weiß, sondern *weil* man noch nichts weiß: Man will es eben ausprobieren.

Das Verkehrswesen, hochgepäppelt zu einem gefräßigen und stinkenden Moloch, zu einem Goldenen Kalb von Dinosauriermaßen, gibt sich längst seine eigenen Gesetze und läßt sich von der Vernunft nichts vorschreiben. Die Medizin schreitet – dem Kriegswesen darin nicht unähnlich – beharrlich fort auf dem Weg zu dem Punkt, von dem an sie schlechterdings nicht mehr bezahlbar ist und an ihrer eigenen Großmächtigkeit scheitert, weil niemand mehr willens und imstande ist, die Unterhaltskosten zu erlegen. Erst recht gilt das für eine Gen-Technologie, die endlich das geheime Ziel aller neuzeitlichen Wissenschaften zu einem im Handelsregister eingetragenen Geschäftszweck erhoben hat: die Neuerschaffung der Natur einschließlich des Menschen nach den klaren Grundsätzen der Zweckmäßigkeit, Verwertbarkeit und Verkäuflichkeit. Auch denkt man schon ernsthaft darüber nach, wie sich der Mensch, dieses immer noch fehlbare Wesen, in das Netz der Mikroelektronik integrieren ließe, nicht als Benutzer, sondern als eine Form von hardware, als kompatibles Bauelement, wofür es schon theoretische Konzepte gibt.

Der Forschungsminister ruft vom Riesenrad, Biotechnik und Mikroelektronik seien die Wachstumsfelder der Zukunft. Nicht auszudenken, was sich, wenn man die Grenzen zwischen diesen Feldern erst beseitigt hat, dort für gräßliche Vorfälle ereignen werden.

Die Lehre aus der Vergangenheit besagt nämlich, daß, je rentabler und wirkungsvoller eine neue Errungenschaft, um so intensiver schließlich ihre zerstörende Wirkung – da kommt es kaum noch darauf an, ob man es direkt auf eine kriegerische Verwertung abgesehen hat oder ob die Brutalität einen kleinen Umweg macht. Hundert Jahre Industriezivilisation haben gezeigt, daß es immer so schlimm kommt, wie die Furchtsamen von Anfang an vermutet haben, und meistens noch etwas schlimmer, weil selbst der Furchtsame nicht über so viel Phantasie verfügt wie all die Wissenschaftler und Techniker und Kaufleute und Politiker, denen immerzu etwas Neues einfällt – es muß gar kein Krieg der Sterne sein, es genügt ja, wenn man, zum Beispiel, all die lebensgefährlichen Pestizide, die man in der zivilisierten Welt schließlich verbieten mußte, ungerührt in der weniger zivilisierten verhökert, wo sie vieltausendfach Krankheit und Tod bewirken (dann allerdings, gerechterweise, mit den Feldfrüchten jener Länder wieder zu uns zurückkommen). Wer bringt so viel Brutalität, so viel Zynismus, so viel Unbedenklichkeit auf, derlei nicht nur zu ersinnen, sondern dann auch in Tat und Geld umzusetzen?

Es sind eben jene, die uns durch ihre Werbeleute oder ihre Wissenschaftler – was oft genug dasselbe ist – beschwören lassen, wir sollten das Kind nicht mit dem Bade ausschütten, und wo ein Wille sei, da sei auch ein Weg mit einem Silberstreifen am Horizont, und wir müßten der Wissenschaft vertrauen, die uns bekanntlich eine sehr viel höhere Lebenserwartung beschert hat (ein statistisches Ergebnis, welches nicht nur, aber auch daran krankt, daß die zweitausend aus Bhopal und die Kinder von Äthiopien dabei nicht eingerechnet sind). Nicht ohne Strenge fordert man uns auf, den Mut nicht zu verlieren und dem Publikum nicht die Lebensfreude zu lähmen. Es werde schon irgendwie weitergehen.

Aber nicht die bereitwillig zur Diskussion zugelassene Frage, wie es denn – selbstverständlich unter Erhaltung sämtlicher Besitzstände, Bequemlichkeiten und Umsätze – weitergehen solle, gälte es zu erörtern, sondern die andere Frage: wie man denn, im Namen des Lebens und der Menschen, aufhören könne, um beinahe jeden Preis. Denn die Zeit der Tricks und Finten geht, sehr rasch, ihrem Ende entgegen. Die Schatten an der Wand sind weithin sichtbar, aber die Lampenfabrikanten behaupten immer noch, sie vermöchten die Dunkelheit, die da heraufzieht, mit ihren Funzeln zu erhellen, und inständig bitten sie uns, die Funzeln nicht nur zu kaufen – wozu wir ohnehin genötigt sind – sondern auch noch: daran zu glauben.

Die Zeit der Tricks und Finten geht zu Ende. Mit Beschwörungen ist da sowenig auszurichten wie mit ein paar neuen

Verordnungen zur Humanisierung des Straßenverkehrs oder zum Schutz des Grundwassers. Die Vorstellung, man könnte das Delirium einer nunmehr über ihre Stränge schlagenden Zivilisation durch punktuelle und akzidentelle Reparaturen bewältigen, ist naiv, und wenn man sie weiter pflegt, dann vor allem zur provisorischen Beruhigung eines Publikums, das, trotz eilig vermehrten Unterhaltungsangebots auf zwölf Kanälen bei flächendeckender Verkabelung, langsam unruhig wird, weil es die Lunte riecht, die da vor sich hin glimmt. Es geht nicht mehr um die Reparatur der Maschinen, sondern um die Schließung des Betriebes.

Die Quellen des Unrats, die Brutstätten der Zerstörung, die Praktiken der Verwüstung sind so zahlreich und so allgegenwärtig, daß, wenn man eine beseitigt, gleich drei neue sichtbar werden. Die schleichende Vergiftung läßt sich nicht aufhalten dadurch, daß man einmal im Monat einen Stoff anklagt und verurteilt und im übrigen immer neue und immer besser gesicherte Deponien fordert; sie läßt sich nur aufhalten dadurch, daß man die Produktion der Gifte einstellt. Das Delirium von Medizin und Genetik läßt sich nicht stoppen durch Selbstbeteiligung der Patienten an den Krankheitskosten oder mit ethischen Richtlinien zum Hantieren mit menschlichen Embryos. Die Absurdität, daß die Erzeugung heißen Wasserdampfes im zweiten Jahrtausend nach Christi Geburt eine Asche erzeugt, die noch im zweihundertsten Jahrtausend sorgfältig bewacht werden muß, läßt sich nicht mit technischen Raffinessen bewältigen, sondern nur dadurch, daß man die Asche gar nicht erst entstehen läßt. Und so weiter. Alle Versuche, so weiterzumachen wie bisher und unter Bewahrung aller Vorteile nur die Nachteile zu vermeiden, vergrößern nur die Abhängigkeit von den Apparaturen und ihrem Funktionieren, von Filtern, Katalysatoren und Monitoren, vom guten Willen und vom Geisteszustand ihrer Programmierer und von der Langmut einer Natur, die uns doch jetzt schon unmißverständlich zu verstehen gibt, daß sie es eigentlich leid ist, sich weiter malträtieren zu lassen.

Und wenn es für die Wissenschaftler – von denen freilich weltweit jeder zweite mit der Erfindung neuen Kriegsgerätes beschäftigt ist – noch etwas zu tun gibt, dann eben dies: daß sie anfangen, darüber nachzudenken, wie man aufhören könnte.

Die Ausschreier auf der Kirmes, die nichts anderes gelernt haben als ihre Sprüche, schreien immer weiter und merken nicht, wie hohl ihre Stimmen klingen, da doch, auf der anderen Seite der Kirmes, die Abgründe der Wachstumsfelder sich auftun, aus denen die Reklamesprüche als grausiges Echo zurückkommen. »Kassandrarufe«, hört man auf der Kirmes sagen. Kassandra hockt verhüllten Hauptes auf einem Schemel in der Nähe jenes Riesenrades, von dessen Höhe der jeweilige Forschungsminister die jeweiligen Wachstumsfelder ausruft. Kassandra weiß, was die anderen, die ihren Namen zitieren, nicht wissen: daß sie immer recht behält und daß die anderen dazu verdammt sind, ihr nicht zu glauben.

Mit allem, was wir angefangen haben, sind wir in die Absurdität des Gegenteils geraten: Mit dem Versuch, die Äcker fruchtbarer zu machen, haben wir sie fast zu Tode gefoltert. Mit dem Versuch, uns vor Feinden zu schützen, sind wir so nah wie möglich an den großen Weltbrand gekommen. In dem Bemühen, uns fortzubewegen, haben wir die Lebenswelt zerfetzt, in der sich fortzubewegen lohnend wäre. Das Bestreben, auch die Kommunikation zu beschleunigen, hat das sprachlose Geschwätz und die Blindheit vor den Bildern hervorgebracht. Der Versuch, zu heilen und zu helfen, gerät auf die unterschiedlichste Weise an die Grenzen der Unmenschlichkeit. Und indem wir die Welt immer weiter in Zahlen, Daten und Signale auflösen, um sie endlich zu ordnen, entgleitet sie uns immer mehr durch die zunehmende Verwechslung von Daten und Wirklichkeit; Daten, Zahlen, Signale, Informationen haben es an sich, daß sie, wenn sie sich vermehren, irgendwann nicht mehr verwertbar sind und sich zu einer Flut addieren, in der ihre Erzeuger ertrinken.

Aus dem Delirium gibt es nur ein Erwachen, einen Sturz in die Wirklichkeit, einen Rückfall in die Nüchternheit. Das ist etwas anderes als mit ein bißchen Schlauheit die begangenen

Ungeschicklichkeiten zu erkennen und neue Tricks zu ihrer Vermeidung zu ersinnen. Erwachen heißt nicht, die unwirksamen Rezepte der Vergangenheit durch neue, ebenso stümperhafte zu ersetzen. Das Erwachen aus dem Delirium geschieht mit einem Schrei des Entsetzens, mit der schlagartigen Erkenntnis, daß es mit den Finten nun ein Ende hat.

Es scheint, als bereite sich dieser Schrei schon vor, wie ein vielstimmiges Raunen steigt das hoch. Wenn das Raunen sich zum Schrei vervielfältigt, die Zweifel sich zur Verzweiflung summieren, werden die Wege kenntlich, die aus dem Delirium hinausführen.

Es ist wie Kirmes. Buden, Karussells, ein Riesenrad. Doktor Eisenbart, auf einem hohen Podest, verpflanzt Pavianherzen in kranke Babies. Der Schlangenbeschwörer lockt Kabel und Bänder aus einer Plastiktrommel. Die Wahrsagerin verheißt ein Leben in Frische und Freizeit, aber Kassandra verhüllt ihr Haupt in Trauer. Die Illusionistenschau mit dem elektrischen Mann ist immer überfüllt. Im Autoscooter rasen sie jubelnd aufeinander zu und bohren sich ineinander; die Ambulanzen haben viel zu tun. Auf dem Riesenrad sitzt der Forschungsminister, wirft Satelliten in die Luft und ruft, es gebe große neue Wachstumsfelder, und die Kirmes sei noch nicht zu Ende.

Die Portionierung der Welt

Über Verpackung kann man nicht reden, ohne von früher zu reden: Bei Holtmanns, wohin ich zum Einkaufen geschickt wurde, hingen graubraune Tüten verschiedenen Formats aufgefädelt an Schnüren, und für ein Pfund Zucker riß Frau Holtmann eine Tüte herunter, steckte sie in einen Haltering auf der Waagschale und maß den Zucker ab.

Später wurden die Tüten knapp und man war gehalten, sie glattzustreichen und beim nächsten Mal wieder mitzubringen, auch eine Flasche für das Öl, das Frau Holtmann aus einem großen Glasgefäß zapfte; das Sauerkraut packte sie in ein Stück Pergamentpapier und dann in eine alte Zeitung.

Noch später wurden die Tüten und das Zeitungspapier und die Ölflasche mehr und mehr überflüssig, denn nun wurden die Waren gleich vom Produzenten fertig verpackt, in Schachteln, Beutel, Dosen, Gläser, Flaschen, und in den Läden sah man mehr buntbedrucktes Papier als die Waren selber: Eine Orgie des Verpackens und Verhüllens nahm ihren Anfang und steigerte sich auf eine zuvor kaum für möglich gehaltene Weise bis zur Verpackung der Verpackung der Verpackung. Man muß die grotesken Höhepunkte dieser Orgie nicht mehr beschreiben, weil jeder jeden Tag damit zu tun hat, wenn er versucht, die mehrschichtigen Umhüllungen zu entfernen, die Aufreißbänder zu lösen, das Ausstopfmaterial wegzuklauben und die dabei anfallenden Materialmengen zu beseitigen.

Man muß auch nicht mehr mit Zahlen belegen, was diese Beseitigung im Großen bedeutet: Solche Zahlen über den Anteil von Verpackungsmaterial am immer weiter zunehmenden Hausmüll bilden inzwischen den Inhalt regelmäßig wiederkehrender Katastrophennachrichten, und sie bringen die Stadtdirektoren um ihren Schlaf, weil es diesen immer schwerer fällt, Deponien für den Wust zu finden, die wenigstens bis zu ihrer Pensionierung ausreichen.

An jeder Ecke ist der Ruf zu hören, die Lawine des Verpakkungsmülls müsse gestoppt, die Orgie des Verpackens beendet werden, die Dosen müßten verschwinden, die Flaschen wiederverwendet und die Kartonagen auf das Nötige reduziert werden. Freilich meint diese Mahnung nicht immer, was sie meinen müßte, wenn sie es ehrlich meinte: Sie spricht gewöhnlich nur von der sichtbaren Folge, nicht von den tieferen Ursachen. Aber den Verpackungsmüll nur zu vermindern, ohne die Ursachen und Absichten anzutasten, die ihn eigentlich erzeugen – das brächte bestenfalls eine statistische Erleichterung und würde zu jenen zahlreichen angeblich ökologisch gedachten Reparaturmaßnahmen gehören, mit denen man doch nur einen Aufschub des schließlichen Desasters bewirkt. Die Stadtdirektoren könnten etwas ruhiger schlafen, aber um den Preis, daß ihre Nachfolger es noch schwerer haben werden.

Natürlich kann man die Verpackung von Waren nicht gänzlich abschaffen. Die Verpackung von Waren ist unumgänglich – aber die Verpackung, wie wir sie betreiben, ist nur insoweit unumgänglich, als sie jenes Leben ermöglicht, das wir für modern, für fortschrittlich und inzwischen auch längst für eigentlich nicht mehr abänderbar halten: Das Rad ließe sich nicht zurückschrauben, und wir könnten nicht ins finstere Mittelalter zurück, so lauten die Sprüche, die uns einen Schauer über den Rücken jagen sollen. Doch ist das Dilemma des Verpakkungsmülls, so trivial es erscheint, eines der Signale, an denen wir abzulesen hätten, daß es Zeit wird, an unserer Lebensweise etwas zu ändern und nicht immer nur die statistischen Symptome zu manipulieren, die von dieser Lebensweise und ihren Folgen künden.

Frau Holtmanns Tüten und die mitgebrachte Ölflasche waren nur deshalb praktikabel, weil die Waren, die Frau Holtmann abwog und abfüllte, in großen Gebinden angeliefert wurden, der Zucker in Säcken, das Sauerkraut in Fässern. Es gab viele Gründe dafür, daß man das Abpacken mehr und mehr vom Endverkäufer auf den Produzenten verlagerte und aus den vormals schlichten Einheitswaren unterschiedlicher Qualität Markenartikel machte, an denen der Einzelhändler nichts anderes mehr tun konnte und durfte, als sie in ihrer Originalverpackung, nur echt mit diesem Namenszug, zu verkaufen. Und es gab viele Gründe dafür, daß die Verpackung im Laufe der weiteren Entwicklung sich immer mehr aufplusterte, wobei sie oft etwas ermöglichte, was dann seinerseits wieder das Verpackungswesen stimulierte. So konnten die Selbstbedienungsläden nicht entstehen, ohne daß man zuvor zahllose Waren durch die Verpackung selbstbedienungsfähig gemacht hatte, und als es die Selbstbedienungsläden dann gab, mußte jeder Produzent, der dort etwas absetzen wollte, selbst noch für Radiergummis und Korkenzieher eine Verpackung entwickeln, die den Ständern und Regalen jener Läden angepaßt war.

Der Industriezweig, der so entstanden ist, hat einen beachtlichen Umfang angenommen, hält unablässig Messen und Ausstellungen in der ganzen Welt ab und veranstaltet Kongresse, die sich mit der Verpackung von übermorgen befassen, und es gibt sogar eine internationale »Weltverpackungskonferenz«, die sich aber noch nicht, wie man nach der Bezeichnung vermuten könnte, mit der Verpackung der Welt als solcher beschäftigt, sondern mit Dosen, Wellpappe und Folien aller Art. Die Erforschung der Verpackung obliegt den Verpackungsforschungsinstituten, die so zahlreich sind, daß es sich lohnte, eine »Internationale Vereinigung der Verpackungsforschungsinstitute« zu gründen. Allgemein hofft man auf eine unablässige Ausweitung des Geschäfts. »Die Verpackungsmärkte sind noch nicht ausgeschöpft«, rufen die Experten der Branche, und die Stadtdirektoren fahren schweißnaß aus dem Schlaf hoch. Als »unerschlossener Markt der Verpackungsbranche« gelten in Fachkreisen die Dentalprodukte, weil sie immer noch kastenweise verkauft werden und nicht kästchenweise, und daß man in den Entwicklungsländern noch große, ungenutzte Absatzchancen sieht, ist nicht zynisch, sondern ganz ernst gemeint.

Das Grundprinzip, der Urzweck der Verpackung war zunächst die Portionierung der Ware, die Aufteilung des Verkäuflichen in handhabbare Einheiten. Transport und Verteilung wurden dadurch erleichtert, die Ware vor Beschädigung

37

und Schwund geschützt und den wachsenden Ansprüchen an die Hygiene Genüge getan. Zugleich ermöglichte die Verpackung eine augenfälligere Unterscheidung von Qualitäten und Herkünften, freilich damit auch die Täuschung über Qualitäten und Herkünfte, – und über Quantitäten, so daß lange Zeit, bis der Gesetzgeber einschritt, von »Mogelpackungen« die Rede sein konnte. Und schließlich eröffnete die Technik der Verpackung ungeahnte Möglichkeiten für die Erzeugung neuer Waren, die es zuvor noch gar nicht gegeben hatte, nicht geben konnte, weil sie sich eben nicht in Säcken oder Fässern verkaufen ließen. Vor der Erfindung der Zahnpastatuben zum Beispiel war man darauf angewiesen, sich aus Salz und Schlämmkreide und anderen Ingredienzien selber sein eigenes Zahnputzmittel zu mischen, während heute eine ganze Industrie davon lebt, solche Mittel in allen nur denkbaren Geschmacksrichtungen und mit allen nur denkbaren tatsächlichen oder angeblichen Wirkungsweisen anzufertigen und in Portionen unter die Leute zu bringen, die Portionen in Tuben und die Tuben, natürlich, in einer buntbedruckten Faltschachtel.

Ohne Verpackung, so würden heute die Verpackungsexperten sagen — und sie sagen es auch und haben recht damit – ohne Verpackung wäre das Leben, wie wir es zu führen gewohnt sind und angeblich weiter führen möchten, gar nicht denkbar, und die Hersteller von Plastikbeuteln würden darauf hinweisen, daß der allerneueste Renner mit stetig steigenden Zuwachsraten *Salat* ist, fertig geschnittener und gemischter Salat in handlichen Beuteln, tischfertig.

»Verbeuteln« heißt übrigens das Fachwort für diese Verpackungsweise, und es gibt natürlich Beuteleinsetzmaschinen, Schlauchbeutelmaschinen, Beutelverschließmaschinen und so fort.

Ohne Verpackung ist unser Leben nicht mehr denkbar. Andersherum heißt das aber auch: Die Verpackung ist ohne unsere Art von Leben nicht denkbar. Woraus folgt, daß der aus der Müllnot geborene Kampf gegen zuviel Verpackung unsere Lebensgewohnheiten, unsere Produktionsmethoden, unsere Verteilungsmechanismen meinen müßte, wenn er es denn ernst meinte.

Äpfel auf Styroportabletts in Schrumpffolie zu verpacken ist ja nur deshalb zweckmäßig und notwendig, weil diese Äpfel eine lange Reise überstehen müssen; sie kommen von Werweißwoher – und nicht aus dem Umland, von wo sie einst in Körben angeliefert wurden: Der exzessiven Verpackungslust entspricht ein ebenso exzessives Transportwesen, die beiden machen einander möglich und nötig. Um etwas zu transportieren, muß man es zuvor verpacken; was man nicht verpacken kann, kann man auch nicht transportieren; und was man verpackt hat, kann man beliebig über den ganzen Erdball verteilen. Die frischen Nelken im Cellophankarton kommen bekanntlich meist aus Kolumbien . . .

Verpackungswesen und Transportwesen durchdringen einander und sind, beide zusammen, nichts anderes als zugleich Folgen und Ursachen unserer Lebens- und Wirtschaftsformen, Merkzeichen für geheime Grundgedanken und herrschende Absichten einer ganzen Epoche: Die beschleunigte Umwandlung aller verfügbaren Materie der Welt in Partikel, diese stets als verkäuflich konzipiert und mittels schneller Distribution flächendeckend verbreitet.

Die Partikel, also die Warenportionen, werden zu einem Teil der Welt entnommen, zu einem Teil eigens hergestellt, schließlich aber auch gewissermaßen aus dem Nichts erschaffen mit dem einzigen Ziel einer verkäuflichen Warenportion: Vor Jahren gab es einen glibbrigen Plastikstoff in Dosen zu kaufen, der zu nichts anderem taugte und auch zu nichts anderem gedacht war, als daß die Kinder damit matschen konnten, ohne sich dreckig zu machen. Und wenn sogenanntes Alpenheu – an dessen alpiner Herkunft Zweifel zumindest möglich sind – in kleinen Packungen als Meerschweinchenfutter feilgeboten werden kann, dann ist das nicht nur eine Leistung des Verpackungs- und des Transportwesens, sondern auch ein hübsches Beispiel für die Spitzenleistungen der Phantasie, mit welcher die Portionierung der Welt bis zum Äußersten getrieben wird.

Auch der schlichte Zweck des Schutzes, den die Verpackung gewähren soll, erfährt eine Steigerung, die zwanghafte Formen annehmen kann. Kein Fingerabdruck, kein Stäubchen, keine

Gebrauchsspur, kein Knick und kein Kratzer sollen die Ware entweihen und die Spuren des Hantierens verraten; unangetastet und unantastbar soll die Warenportion bleiben, fabrikneu und keimfrei. Selbst Bücher werden heute in Klarsichtfolie eingeschweißt und folglich oft genug nur nach dem Bild auf dem Umschlag verkauft, der seinerseits in alten Zeiten ja als eine Art Schutzverpackung gedacht war.

Es besteht ein merkwürdiger Gegensatz zwischen diesem Bedürfnis nach Sauberkeit und Unberührtheit der Gegenstände, die zum Verkauf bestimmt sind, und dem Umstand, daß dieses Verkaufen und Verbrauchen dann alle Dinge in einen Strudel des Schmutzes hineinzieht, und zwar nicht dadurch, daß sie ganz und gar verbraucht, im Gebrauch aufgelöst und verwandelt würden, sondern gerade dadurch, daß sie in irgendeinem halbverbrauchten, abgenutzten Zustand als Müll enden. Es ist gerade der Sauberkeitswahn, der den Schmutz gebiert, es ist die Gier nach dem Unverbrauchten, die uns eine erstickende Flut von Halbverbrauchtem, von Müll, beschert. Auf allen Gebieten des Fortschritts ist der Müll zum eigentlichen und letzten Problem geworden. Das betrifft die Erzeugung von Energie aus dem Atom genauso wie die Verpackung.

Und die Verpackung ihrerseits hat viele Erscheinungsformen. Auch ein Freizeitzentrum, zum Beispiel, ist nichts anderes als ein Verpackungsphänomen: Am Anfang steht Natur, ein Wald, ein See, Wiesen; sie werden aufgeteilt, portioniert und die Teile einzeln verpackt, als Liegewiesen, Regattastrecken, Trimmpfade, Kaffeeterrassen, Parkplätze. Wenn alles fertig ist, dann hat sich die Natur in eine Ansammlung kulissenhaft verpackter Portionen verwandelt, alles Gewachsene wird abgenutzt, und in unendlichem Strom quillt der Müll.

Das Portionieren und Verpacken zum Zwecke leichterer Handhabbarkeit und schnellerer Verteilung kommt aber nicht nur bei anfaßbaren Dingen vor, sondern ebenso bei Gedanken und Informationen. Die Nachrichten wurden immer kürzer, die Informationen immer mehr zerteilt, ihre sprachliche Verpackung immer handlicher und ihre Verbreitung immer weiter beschleunigt.

Die Stückelung ging bis zur Erschaffung des »bit«, des kleinsten und nicht mehr weiter teilbaren Informationspartikels, – eine Art von Atomisierung, die die Handhabung nicht nur erleichterte, sondern sie für den Computer überhaupt erst ermöglichte. In der Minimalportion des bit erfüllt sich der Ehrgeiz des Partikularisierens als Erzeugung des kleinsten handhabbaren Teilchens, das freilich als Information so gut wie wertlos ist; es bedarf weiterer bits, um eine faßbare Realität zu repräsentieren, und dazu wiederum bedarf es der Transformation in eine Sondersprache, die des Computers. Diese Sprache ist die Verpackung der bits, der Daten, ohne sie sind diese kaum oder gar nicht verwendbar.

Auf eine bemerkenswerte Weise ist bei jeder Art von Verpackung das Verbergen mit dem Vorzeigen, das Ausstellen mit dem Verhüllen, das Darbieten mit dem Verstecken, die Unantastbarkeit mit der Handhabung verquickt. »Handhabung« ist übrigens die ursprüngliche Bedeutung des Fremdwortes »Manipulation«; früher hieß »Waren manipulieren« soviel wie Waren verpacken, sortieren, befördern: Die Zusammenhänge sind eng zwischen der verpackungstechnischen Zubereitung der Ware, ihrer Handhabung im alten Sinne und ihrer täuschenden Veränderung im neueren Sinne der »Manipulation«.

Das gilt auch für die sprachliche Verpackung von Informationen: Sie erleichtert zunächst durch Griffigkeit und Portionierung die Handhabbarkeit, aber sie verhüllt auch, sie schützt oft genug die Information dagegen, daß die in ihr liegende Wahrheit überhaupt erkannt wird. Richtig verpackt kann man alles verkaufen, Alpenheu und Kunststoffglibber und Informationen, bei denen die Sprachverpackung darüber entscheidet, ob sie überhaupt verkäuflich sind oder als was sie erkannt und verwendet werden.

Eines der klassischen Beispiele dafür war die Ersetzung des bedrohlichen Wortes »Atom« durch das vertrauenswürdig klingende Wort »Kern« bei dem Versuch, Mißtrauen und Furcht vor der Atomenergieerzeugung abzubauen. Zur politischen Sprache gehört die täuschende Verpackung so selbstverständlich, daß ihre Verwendung schon nicht mehr als Delikt gewertet wird und daß auch kaum jemand mehr lacht, geschweige denn protestiert, wenn sogar die Abwesenheit jeglicher Information so verpackt wird, daß man auf den ersten Blick ein Informationspaket vor sich zu haben glaubt.

In der Warenwelt sind dingliche Verpackung und sprachliche Verpackung eng miteinander verflochten. Der Pappkarton, in den ein Pfund Reis verpackt ist, dient nicht nur der Abmessung und der Hantierbarkeit des Pfundes, sondern auch der Unterscheidung, mit der die Produzenten von Reis, wiewohl sie eigentlich das gleiche Produkt anzubieten haben, einander zu übertreffen und aus dem Felde zu schlagen versuchen. Markennamen, Bilder, Slogans, das ganze Register verbaler und bildlicher Werbebemühungen wird auf den Packungen gezogen, dazu kommen Gebrauchsanweisungen, Garantieversprechen, Zutatenlisten, Serviervorschläge, Rezepte, Preisausschreiben. Die Verpackung wird zur Werbebroschüre, zur wort- und bilderreichen Rede des Erzeugers an den Kunden.

Trotz aller Direktheit aber geht eben durch diese Erweiterung des Umhüllungszwecks immer mehr von der Ware verloren: Sie tritt endgültig zurück hinter dem, was man über sie sagen oder was man im Bild zeigen kann. Damit kommt zugleich alle spezifische Sinnlichkeit der jeweiligen Ware abhanden und wird durch eine rein optische und verbale Lockung ersetzt. Selbst das Parfüm zeigt nicht mehr die betörenden Farben transparenter Flüssigkeiten, sondern ist mehrfach umhüllt mit lackierten Kartonagen und glänzenden Folien.

Den Höhepunkt solcher Verhüllung bietet eine französische Herrenwäschefabrik, indem sie ihre Unterhosen nicht nur in schlichten grauen Pappkartons schier unsichtbar macht, sondern darüber hinaus mit diesem für die Brauchbarkeit der Ware ja ganz irrelevanten Umstand ausdrücklich um Käufer wirbt: »Wir haben diese Garnitur aus edlem Fil d'Ecosse gentlemanlike verpackt«, heißt es in einer Anzeige, und zu sehen ist nichts weiter als eben jener graue Karton mit einem roten Etikett.

Da weicht der sinnliche Reiz der Ware einem neuen, verallgemeinernden Reiz, dem der Verpackung, und die beiden wichtigsten Elemente dabei sind die Glätte, welche meist von Lack oder Plastikfolie verursacht wird, und die vom Zweck der Stapelbarkeit herrührende einfache geometrische Form. Es würde kaum Schwierigkeiten bereiten, den Lebensmittelbedarf einer Familie ausschließlich in der Erscheinungsform rechteckiger Kästen und Kästchen zu decken, bis hin zu den Fertiggerichten, die ja übrigens auf ihre Weise auch einen äußersten Punkt des Verpackungswesens repräsentieren: Das Mahl, mehr Ereignis als Gegenstand, auf einen vergänglichen Augenblick hin konzipiert, wird portioniert, verbeutelt, versiegelt, eingefroren und noch einmal, zur Unkenntlichkeit, in buntbedruckte Pappkartons verhüllt, und dann wird es in die große Maschinerie der Verteilung eingespeist. Ströme von Fertignahrung ergießen sich übers Land, als Babynahrung, Tiefkühlkost, als Happen und Häppchen aller Art, vom Fünfzig-Quadratzentimeter-Apfelstrudel im Pappschächtelchen bis zum Komplett-Menü.

Gerade hier ist oft das Mißverhältnis auffallend zwischen dem Volumen der Ware und dem Verpackungsaufwand, am eindrucksvollsten aber wohl bei den Getränkedosen: Sie sind druckstabil, aus feinstem Blech präzise gefertigt, mit einem sinnreichen Öffnungsmechanismus versehen, mehrfarbig mit hochwertigen Lacken beschriftet – und sie enthalten doch nichts anderes als ein Glas Limonade oder Wasser. Das Mißverhältnis ist grotesk, die Folgen, wie man weiß, verheerend, und daß ein Teil der Dosen eingeschmolzen und wiederverwendet wird, ändert wenig an dem Widersinn dieses Verteilungsverfahrens.

Die gleichnishafte Überhöhung des Verfahrens, mit welchem das Verpackungswesen die Ware verschwinden läßt, leistete der Verpackungskünstler Christo; freilich sind es nicht schnöde Waren, sondern ganze Gebäude oder Landstriche, die er unter Textilien entmaterialisiert. Mannigfache feuilletonistische Deutungen sind da möglich. Am wenigsten plausibel erscheint wohl die Deutung der Jury, die Christo unlängst den Kaiserring der Stadt Goslar zuerkannte; er kehre, so sagte die Jury, die Gewohnheiten der Wegwerfgesellschaft um, indem er verhülle statt auszupacken, und setze damit Denkprozesse über den verpackten Gegenstand in Gang. Christo kehrt aber gar nichts um, sondern tut justament dasselbe wie die Wegwerfgesellschaft, die ja nur notgedrungen auspackt und deren Grundprinzip, wie bei Christo, das Einpacken ist. Und da man von den Denkprozessen, die Christo in Gang setzen soll, immer nur hört, daß es sie gibt, aber niemals erfährt, was nun endlich dabei herauskommt, so erscheint Christos Werk doch eher als eine Apotheose des neuzeitlichen Verpackungswesens denn als seine Umkehrung, und der Zeitpunkt seines Erscheinens in der Kunstgeschichte keineswegs zufällig. Würde er die Weltverpackungskonferenz verpacken, der Kalauer wäre komplett.

Das Gegenbild neuzeitlicher Verpackungsexzesse findet sich – oder: fand sich bis zum jähen Abreißen der Überlieferung – in Japan. Inzwischen ist die traditionelle japanische Verpackungskunst nur noch im Museum zu besichtigen; im täglichen Leben ist sie westlichen Packmethoden gewichen.

Blätter, Reisstroh, Papier, Bambus und Holz waren früher die bevorzugten Materialien, und nahezu alle Formen der Umhüllung, die damit ausgeführt wurden, waren auch Formen der Verhüllung, der Verrätselung. Den konisch eingerollten Blättern, den kunstreich gefalteten Papiertüten, den Holzkistchen, Bambustrommeln und den mit Bastschnüren verschlossenen Paketchen sieht man nicht an und soll man nicht ansehen, was sich darin verbirgt. Die Kunst des Verpackens hatte Tradition, sie wurde gepflegt, auch im Sinne der Weiterentwicklung – bis über einen Punkt hinaus, jenseits dessen die handwerkliche Makellosigkeit den Vorrang vor dem Zweck erhielt und die Verpackung dann, als ein Alltagskunstwerk, mehr wert war als der Inhalt, — Schutz und Schmuck in einem und für sich selbst stehend. Dem Einfachsten, dem Geringsten — einer kleinen Süßigkeit oder einer Portion Kleisterpulver – galt eine Sorgfalt, ein Aufwand, der seinen Anlaß vergessen zu haben schien, aufging in einer Hingabe, die überhaupt nichts mit dem Wert des Gegenstandes im kaufmännischen Sinne zu tun hatte.

Im Hintergrund solcher Zuwendung zum Geringsten stand die japanische Welt- und Lebensanschauung, in der auch die unbedeutendsten Dinge ihren Wert und ihr Recht auf Schutz und Würde haben. Papier ist da nicht »nur Papier«, ein Blatt nicht »nur ein Blatt«, sondern jeder Gegenstand ist als Teil eines umfassenden Ganzen ein Zeichen für dieses Ganze und für seine Größe.

Ehrfurcht vor den Dingen, daraus folgend Behutsamkeit und Sparsamkeit im Umgang mit ihnen – das ist nun genau das Gegenteil der gegenwärtigen Verschwendung, des rücksichtslosen Ausbeutens, der verbrauchenden und vernutzenden Partikularisierung, die aus allem und jedem ein Warenstück zu machen sucht und auf diese Weise jene ganz andere Art von Verpackung hervorgebracht hat, mit deren Folgen sich jetzt die Stadtdirektoren herumschlagen.

Auch die alten japanischen Verpackungen fielen dem Vergehen anheim, aber es wäre ganz unangemessen, von Müll zu sprechen: Die hinfälligen Dinge aus der Natur wurden schnell wieder in den großen Kreislauf aufgenommen, sie vergingen, aber sie verkamen nicht wie unser Industriemüll zu widerwärtigen Anhäufungen von Materie. Eben deshalb sind sie zumindest als Gleichnis brauchbar für eine andere Art des Umgangs mit dem Stoff und dafür, daß wir diesen Umgang wieder zu lernen hätten, aus tieferer Einsicht, oder, nach Erschöpfung der Mittel, die wir verschwenden, aus schierer Not.

Unser Verpackungswesen ist ein Symptom von vielen für die Mißhandlung der Welt. Egoistisch grapschend, anspruchsvoll bis dorthinaus nutzen und verspielen wir bedenkenlos einen Reichtum, der nur dann währen kann, wenn wir ihn sich aus sich selbst heraus erneuern lassen. Portion für Portion wird er verbraucht, und was wir als Rentierlichkeit mißverstehen, als Gewinn in die Kontobücher schreiben, sind in Wahrheit lebensgefährdende Verluste. Wenn der Rausch des Verbrauchens und Verdienens vorüber ist, wird nichts sein als Müll.

45

Mozart kam zu uns ins Haus

»Es ist heute schwierig, unter permanentem Beschuß kreativ zu arbeiten und Erfolge dieser Arbeit praktisch zu nutzen. In einer Welt der Feindseligkeit kann kein rechter Fortschritt gedeihen.«

So klagte im Wirtschaftsteil der WELT der Vorstandsvorsitzende eines großen Chemiekonzerns, und im Prinzip muß man ihm recht geben: Wer mag schon unter permanentem Beschuß kreativ arbeiten, und wer mag, Tag für Tag, den Fortschritt gegen eine Welt der Feindseligkeit verteidigen?

Freilich lehrt ein Blick in eben jenen Wirtschaftsteil, daß es gerade den Chemikern bisher noch ganz gut gelungen ist, der vom Vorstandsvorsitzenden beklagten Widrigkeiten Herr zu werden. Die Geschäfte florieren unter permanentem Beschuß, und der Fortschritt schreitet, aller Feindseligkeit trotzend, immer noch fort. Und als die chemische Industrie vor einiger Zeit für waschfeste Textil-Farbstoffe mit dem Slogan warb:

»Chemie ist, wenn Gelb nicht Grün wird«

– da erhob sich kein Hohn im Lande, der den Werbern erwidert hätte, daß es doch leider aber auch Chemie ist, wenn viel Grünes um uns herum gelb wird, und zwar in einem Maße, gegenüber dem der Vorteil, daß Gelbes in der Waschmaschine nicht grün wird, fast bedeutungslos erscheint.

Woraus folgt, daß der permanente Beschuß zwar vielleicht die Kreativität der Chemiker ein bißchen hemmen kann, daß aber die permanente Verwandlung grüner Bäume in gelbe Reisigbesen die Kreativität der Chemiewerber so wenig hemmt, daß sie nicht einmal ihre eigenen Zynismen als solche erkennen.

Dennoch sollte man die Klage des Vorstandsvorsitzenden über permanenten Beschuß und sonstige Feindseligkeiten nicht einfach als zweckpessimistische Wehleidigkeit abtun, sondern man sollte sie ihm gleichsam in Spiegelschrift zurückgeben.

Denn gleich wie die gelbe Wäsche nicht grün wird dank der Chemie, wohl aber der grüne Wald gelb wird dank der Chemie, so trifft eben auch nicht nur der permanente Beschuß der Kritiker die Chemie, sondern auch wir werden von den Schüssen der Chemie getroffen und müssen, was sich da so begibt, doch wohl als Feindseligkeiten auffassen, die vielleicht nicht den Fortschritt, wohl aber unser Leben als solches zu hemmen imstande und der kreativen Arbeit sowie ihrer praktischen Nutzung kaum dienlich sind.

Wenn das Land, auf dem ich Bohnen und Salat zu säen gedenke, kurz vorher vom Hochwasser des Rheins bedeckt gewesen und wenn die trübe Brühe abgelaufen ist, dann kann ich sicher sein, daß der Auswurf, mit dem man mein Land gedüngt hat, den Anbau von Bohnen und Salat zu einem riskanten Unternehmen macht. Soll ich denn etwa die Betreiber jener Sudelküchen zwischen Main und Lippe, die gerade bei Hochwasser, wenn's niemand merkt, gern ihren Abwässern freien Lauf lassen, nicht als Feinde betrachten, nur weil sie, wie ein anderer Slogan mich belehrt, auch dafür sorgen, daß ich Schallplatten hören kann?

»Chemie ist, wenn Mozart ins Haus kommt.«

Wenn Mozart, ehe er ins Haus tritt, mir draußen den Salat vergiftet, dann muß ich ernstlich erwägen, ob ich ihn überhaupt einlassen oder nicht lieber zur Blockflöte greifen soll.

Die spürbaren und die nicht spürbaren, die offenen und die mit Fleiß vertuschten Feindseligkeiten, die zahllosen mit Zeitzündern versehenen Deponien, das Dioxin, das allenthalben aus den Schornsteinen quillt, — dies alles ist, wir bestätigen es dem Vorstandsvorsitzenden in Spiegelschrift, ein permanenter Beschuß, von dem wir immer dringlicher wünschen, daß er eingestellt werde. Und wenn uns mitgeteilt wird, daß das Leben ohne die Chemie gar nicht mehr möglich ist — was ja zutreffen mag —, dann wird die Einsicht nur um so bedrückender, daß es mit der Chemie auch langsam unmöglich gemacht wird, so daß man sich wohl, als schiere Notlösung, wünschen darf, es möchte wenigstens der schlimmste Unfug, wenigstens das absolut Überflüssige, wenigstens die vorsätzliche Schädigung unterbleiben.

Daß der Vorstandsvorsitzende in dieser Lage, nach seinen Worten, »etwas von jener Sympathie zurückgewinnen möchte, die die Öffentlichkeit der Chemie früher einmal entgegengebracht hat«, – das ist verständlich. Was aber tut ein Industriezweig, dem der eigene Dreck bis zum Halse steht und der uns selber nicht sagen kann, wann und wo und in welchem Ausmaß sich die nächste Verheerung ereignen wird? Der Industriezweig beauftragt eine Werbeagentur, und die malt Spruchbänder, auf welchen steht, daß es Chemie ist, wenn Mozart ins Haus kommt und Gelbes in der Waschmaschine nicht grün wird, und wir sitzen da und hören Mozart und sehen dem Gelben in der Waschmaschine zu, wie es nicht grün wird, und währenddessen schwillt der Strom der Gifte an, sickert der Absud aus den Deponien ins Grundwasser, verteilt sich das Cadmium aus den Batterien, mit deren Hilfe wir Mozart hören, gleichmäßig in den Böden, und wenn unsere Kinder oder Enkel dereinst auf der Suche nach trinkbarem Wasser, nach Luft und Brot, fragen werden, wie das alles gekommen ist, dann begegnet ihnen vielleicht ein alter Sympathiewerber und kichert: Mozart kam zu uns ins Haus.

Die Verwegenheit der Ahnungslosen

Kaum jemals haben so viele Menschen die Namen so vieler Chemikalien zu buchstabieren gelernt wie heutzutage. Sie können das Wort Diäthylenglykol aussprechen, ohne einmal zu stolpern; Dioxin ist ihnen so geläufig wie Formaldehyd; sie wissen, was chlorierte Kohlenwasserstoffe sind und daß Nitrate sich im Magen zu Nitriten und Nitrosaminen verwandeln, und unter allerlei Abkürzungen wie TCDD, PCB oder 2,4,5-T können sie sich etwas vorstellen, meist das Richtige.

Sie lernen ihre tägliche Chemie-Lektion, lassen sich willig aufklären über Wirkungen und Risiken und Gegenmaßnahmen — und laufen, eben damit, doch in eine Falle.

Denn der Wirbel um einen einzelnen Stoff *ist* eine Falle. Wer da hineingerät, wer sich mit Eifer der Problem-Substanz des Monats widmet, verfällt leicht der Illusion, es komme, was die Risiken des Chemikalienwesens angeht, nur darauf an, die giftigen und gefährlichen Stoffe einen nach dem anderen zu entlarven, den Schutz vor ihnen durch zusätzliche Verordnungen zu perfektionieren und Zuwiderhandlungen mit Strafe zu belegen. Aufs große Ganze übertragen hieße das: Wenn man erst einmal zielbewußt und systematisch das Arsenal der Chemikalien durchforscht hat, dann wird man die damit verbundenen Risiken ganz sicher in den sogenannten Griff bekommen.

Von seiten der Chemie wird diese Illusion genährt durch Anzeigenkampagnen, in denen man uns versichert, die Gefahren seien erkannt, die Bemühungen zu ihrer Abwehr in vollem Gange, und im übrigen seien die Chemikalien konstituierende Elemente des modernen Lebens und aus diesem nicht mehr wegzudenken — eine Feststellung, die freilich inzwischen einen fatalen Hintersinn bekommen hat: Daß das Quecksilber nicht mehr aus dem Thunfisch und das Cadmium nicht mehr aus den Ackerböden wegzudenken ist, gilt zu Recht als Angriff der Chemie auf das Wohlergehen der Menschheit und eignet sich nicht als Stoff für Lobeshymnen, und daß diese und viele andere Gifte nicht weggedacht, sondern bestenfalls auf die umständlichste Weise anderweitig beseitigt werden können, ist ein Alptraum und kein Grund zum Jubel.

Die meisten Betrachter stimmen darin überein, daß bewundernswerter Scharfsinn und beneidenswerte Phantasie, profunde Sachkenntnis und penible Kleinarbeit die Voraussetzungen für das gewesen sind, was man dann gern den »Siegeszug der Chemie« nannte. Dem Phänomen einer so hilfreichen wie bedrohlichen Chemie kommt man aber weit näher, wenn man die Augen nicht vor dem Paradoxon verschließt, daß die Fähigkeiten dieser Chemie auf zwei fundamentalen Unfähigkeiten beruhen.

Die eine davon betrifft den Wissensstand der Chemiker. Zwar sind sie in der Lage, gewissermaßen aus dem Nichts immer neue Stoffe zu erschaffen. 50 000 oder 60 000 solcher Substanzen werden produziert oder entstehen beiläufig als Abfall, und täglich kommen neue hinzu. 50 000 oder 60 000 Substanzen werden in die Welt gesetzt, benutzt, verbraucht und wieder weggekippt – aber so gut wie hilflos steht man vor der Frage, welche Wirkungen diese Stoffe haben, allein oder mit anderen zusammen, sofort oder im Laufe der Zeit, wie sie sich verhalten im menschlichen Körper oder im Haushalt der Natur, wie sie sich verwandeln, und ob den zweckmäßigen Wirkungen, derentwegen man sie produziert, nicht höchst unzweckmäßige und lebensbedrohende gegenüberstehen, derentwegen wir klüger daran täten, auf die Erzeugung und Verwendung zu verzichten.

So gut wie nichts weiß man darüber, und diese Hilflosigkeit ist keine reparable Unvollkommenheit, kein nachholbares Versäumnis, sondern, wegen der Zahl der Stoffe und der Kompliziertheit aller Zusammenhänge von Materie, Natur und Leben, eine unabwendbare Schwäche, ein irreparables Unvermögen.

Es ist durch keine noch so große Forschungsanstrengung zu beseitigen – und zugleich ist es, paradoxerweise, eine der tragenden Säulen des chemikalischen Fortschritts.

Denn nur auf dem Boden dieser umfassenden Unkenntnis konnte die unbeschwerte Verwegenheit gedeihen, mit der man die jeweils neuen Substanzen, wenn sie für irgendeinen Zweck brauchbar erschienen, ohne große Skrupel fabrizierte und in die Welt entließ. Aus der Not des Unwissens machte man die Tugend des Wagemuts.

Anfangs mag es da noch den guten Glauben gegeben haben, es werde alles schon irgendwie gutgehen, und notfalls werde man die Fehler und Schäden der Chemie mit Hilfe ebenderselben Chemie auch wieder ausgleichen können. Aber diese Illusion ist schon lange zerstoben, der gute Glaube hat sich als schiere Naivität entpuppt, wo es nicht gar Zynismus war, der dem Triumphzug der Chemie ziemlich ungehemmt seinen Lauf ließ – und auch noch läßt; denn immer noch kann derjenige, der einen Verdacht hegt, schnell und wirkungsvoll zum Schweigen gebracht werden, indem man ihn auffordert, gefälligst Beweise zu liefern. Nicht der Erzeuger eines Stoffes hat die Unbedenklichkeit nachzuweisen, vielmehr müssen die Betroffenen selber sehen, ob es ihnen gelingt, mit einem immensen Aufwand von öffentlicher Erregung und juristischer Bemühung wenigstens in Einzelfällen Kausalzusammenhänge aufzudecken und, äußerstenfalls, die eine oder andere neue Verordnung, den einen oder anderen neuen Grenzwert durchzusetzen.

In Amerika geht man gerade dem wissenschaftlich wohlbegründeten Verdacht nach, daß die Parkinsonsche Krankheit ihre lange gesuchte Ursache in den als Nervengift wirkenden Insektiziden hat. Solche verborgenen und nur zufällig und gelegentlich aufgedeckten Verknüpfungen lassen ahnen, was alles sonst noch offenbar werden würde, wenn sich unser gesamtes Chemikalienwesen nicht vor dem Hintergrund einer abgrundtiefen Unkenntnis abspielte. Kennten wir den ganzen Umfang der Wirkungen, die von unseren 50 000 oder 60 000 Substanzen ausgehen, so müßte uns das große Entsetzen packen; wüßten wir, was alles wir unseren Nachgeborenen an Leid und Tod aufbürden, es müßte uns vor uns selber grausen. Statt dessen jubeln wir kindisch über unsere große Schlauheit, überspülen die Welt mit einer Flut unerforschlicher Substanzen und tun dann baß erstaunt, wenn sich herausstellt, daß die Leute von Holzschutzmitteln Kopfschmerzen bekommen oder von Insektenspray den Parkinson.

Die zweite Hilflosigkeit ist die der Gesetzgeber und Verwalter, welche die allernötigsten, zu unserem und der Erde Schutz unerläßlichen Reglementierungen des Chemikalienwesens ersinnen und ihre Einhaltung beaufsichtigen sollen. Die Unkenntnis des ganzen Umfangs der Gefahren haben sie natürlich mit den Chemikern gemein; aber das ist nur eines der vielen Hemmnisse für ihr Wirken, ein anderes die wirtschaftlichen Interessen und die Skrupellosigkeit der Erzeuger, ein drittes die Bequemlichkeit und Dickfelligkeit des Publikums. Daß jene vergifteten Weine, die uns über Jahre hinweg kredenzt worden sind, zuvor mit amtlichen Prüfsiegeln und höchsten Anerkennungen eben jener Instanzen versehen waren, die uns vor dem Gift hätten schützen sollen, ist ja nur ein fades Satyrspiel zwischen den Tragödien – denen, die sich schon ereignet haben, und denen, die sich noch ereignen werden –, nicht zu vergessen jene, die lautlos im Gange sind und noch der Aufdeckung harren. Wo ein widerrechtlich aufgedrehter Ablaßhahn in Frankfurt die ganze Trinkwasserversorgung der Niederlande lahmlegen kann, da wäre es tollkühn, auf das Ausbleiben solcher und ähnlicher Katastrophen auch nur einen Pfennig zu verwetten. Auch die Hilflosigkeit der Gesetzgeber und Kontrolleure hat konstitutiven Charakter. Nur aufgrund dieses Unvermögens konnte sich das Chemikalienwesen so frei entfalten und stieß höchst selten an die Grenzen jener Regeln, die sonst im zivilisierten Zusammenleben dafür sorgen, daß die Menschen einander nicht vergiften oder sonstigen Schaden an Leib und Leben zufügen. Man wußte nicht, was man tat, und man wollte es auch so genau gar nicht wissen, weil man nur auf diese Weise mit Hilfe der Chemie zu Macht und Reichtum und nationaler Geltung gelangen konnte.

Und wenn man doch etwas wußte, dann tat man sich sehr schwer damit, die Erkenntnisse auch in die Tat umzusetzen: Vor sechzig Jahren trafen sich die europäischen Anstrichfarbenfabrikanten, um darüber zu beraten, ob man nicht das als gefährlich erkannte Blei wenigstens im Farbenwesen ausmerzen könnte. Die Herren trennten sich ohne Ergebnis, weil jeder fürchtete, der andere werde ihn übers Ohr hauen. Vor 45 Jahren mußte das Bodenpersonal der Kriegsflughäfen beim Betanken der Flugzeuge mit bleihaltigem Benzin Gasmasken tragen – aber vor 20 Jahren begann man ganz ungeniert damit, das Autobenzin zu verbleien und setzte damit eine bis zur Arktis reichende flächendeckende Vergiftung ins Werk, die noch heute fortgesetzt wird, obwohl es niemanden mehr gibt, der behaupten könnte, er wisse nichts Genaues über die Giftwirkung von Blei.

Es ist ein Treppenwitz der Geschichte des Chemikalienwesens, daß man heutzutage mit humanitären Argumenten die Entwicklung chemischer Waffen zu unterbinden sucht, während zugleich die chemische Attacke gegen die Weltbevölkerung mit gnadenloser Härte geführt wird, so daß die Wahrscheinlichkeit, auf irgendeine direkte oder indirekte Weise ein Opfer des ganz normalen Chemikalienwesens zu werden, weit größer ist als die, jemals einer C-Waffe zum Opfer zu fallen.

Die Hilflosigkeit der Gesetzgeber und Kontrolleure war eine der Voraussetzungen für den chemischen Fortschritt – und sie ist es immer noch. Ließe sich, von Gesetzes wegen, auch nur dasjenige in die Tat umsetzen, was nach unseren bruchstückhaften Kenntnissen dringend nötig wäre, um das Schlimmste abzuwenden – die florierende Produktion würde zusammenschrumpfen auf einen kümmerlichen Rest, die meisten Chemikalien, falls man sie überhaupt noch herstellte, wären nur gegen Vorlage einer Art von Waffenschein zu erhalten, und der Erwerb einer Taschenlampenbatterie wäre gekoppelt an den heiligen Schwur, sie nach Gebrauch ganz gewiß zurückzugeben. Aber der Gesetzgeber ist außerstande, Gesetze zu geben, die dem Grad des chemischen Notstandes entsprechen, und die Kontrolleure sind außerstande, dafür zu sorgen, daß wenigstens die viel zu milden geltenden Regeln eingehalten werden. Der Großversuch mit der Menschheit geht weiter.

Denn das Chemikalienwesen, so wie es nun hundert Jahre lang praktiziert worden ist, war nichts anderes als ein ungeheuerlicher Großversuch mit der Erde und ihren Menschen, und daran, daß er weitergeht, ändert auch der Umstand nichts, daß die Brutalität und der Zynismus, mit der man diesen Versuch vollzogen hat, neuerdings wenigstens in Einzelfällen ruchbar werden.

wirklich!

Die Ahnungslosigkeit der Chemiker – ob wirklich oder nur vorgeschoben und sorgfältig kultiviert – hat dieses Großexperiment möglich gemacht. Die Hilflosigkeit der Kontrolleure war die zweite Voraussetzung dafür, daß das Chemikalienwesen innerhalb von hundert Jahren ein Geflecht aus Sachzwängen und Abhängigkeiten weben konnte, angesichts dessen es nun in der Tat lebensgefährlich erscheint, die Lebensgefahren der Chemie im letzten Augenblick abzuwenden. Das Paradoxon, daß die Macht der Chemie auf dem Boden von Hilflosigkeit erwuchs, schlägt um in das andere Paradoxon, daß der letzte erreichbare Punkt dieser Macht wiederum eine Hilflosigkeit ist: Die Abwendung der Gefahren ist nicht weniger gefährlich als die Gefahren selbst. Die Durchseuchung der Welt hat einen Grad erreicht, der selbst bei sofortiger Produktionseinstellung noch auf Jahrhunderte hinaus die Natur und das Leben der Menschen bedrohen würde – aber andererseits hat sich die Chemie so unentbehrlich gemacht, daß schon die Abschaffung der WC-Reiniger vom Publikum als Anfang vom Ende der Zivilisation empfunden würde.

Und so versucht man sich denn durchzumogeln, hilflos. Die Wälder sterben, die Böden sind vergiftet, die Flüsse mit chemischem Unrat beladen, das Grundwasser ernstlich bedroht. Was gestern noch aus hilfloser Unkenntnis als harmlos galt, entpuppt sich heute als tödlich, und daß die Klebenähte der Folien, mit denen man die Deponien abzudichten gedachte, binnen kurzem von Lösungsmitteln zerfressen werden, gewinnt den Charakter eines Gleichnisses: Der Absud der Chemie sickert durch alle Ritzen, tränkt diese Welt, die sich vollsaugt mit Giften wie ein Schwamm, und jede Nachricht von der Art, daß das Formaldehyd als krebserzeugend erkannt worden sei oder daß Insektizide die Parkinsonsche Krankheit verursachen könnten, ist, andersherum gelesen, nur ein Hinweis auf das, was wir noch nicht erkannt haben. Anfang und Ende des Chemikalienwesens: Hilflosigkeit.

Preisliste fürs Überleben

Raketen und Sprengköpfe kosten Geld, und die Bunker, in denen man davor Schutz suchen kann, kosten auch Geld. Für die Anschaffung der Raketen sorgen Fachleute, seinen Bunker hingegen muß sich jeder, der es vermag, selber kaufen. Ein Bunker kostet zwischen 50 000 und 100 000 Mark und repräsentiert nicht nur den technischen Fortschritt im Bauwesen, den triumphalen Weg des Erfindergeistes vom Pfahlbau zum Stahlbau, sondern ist zugleich die höchste denkbare Verwirklichung der Prinzipien Marktwirtschaft und Eigeninitiative: Das Leben ist weitgehend verwaltungstechnisch geregelt, aber das Überleben müssen wir schon selber in die Hand nehmen und das Zubehör dafür müssen wir beim Einzelhandel erwerben. Für einen Bunker brauchen wir, unter anderem, Beton der Festigkeitsklasse B 25 nach DIN 1045, Türblätter mit gasdichter Verriegelung sowie Luftfilter mit Fördervorrichtung für Elektro- und Handbetrieb; vor allem aber brauchen wir ein Haus oder einen Garten, wohinein wir unseren Bunker bauen können – denn wir dürfen ihn ja nicht einfach irgendwo auf die Wiese stellen. So läßt sich schon jetzt voraussagen, daß die Überlebenden, wenn es welche gibt, in der Regel Haus- und Grundbesitzer sein werden; die Ausrottung der Klasse der Mieter und Untermieter kann als sicher gelten.

Der umfangreiche und sehr ansprechend gestaltete Versandkatalog einer Kölner Spezialfirma gibt dem Haus- und Grundbesitzer einen ungefähren Überblick über die notwendig werdenden Anschaffungen und lockt den Unentschlossenen mit dem Hinweis, man könne einen Schutzraum vorderhand auch als Hobbyraum, als häusliches Trimm-Center oder als Spielzimmer für die Kinder nutzen. Fürwahr ein guter Einfall, und zwar nicht nur, weil sich die Sache dann besser rentiert, sondern auch wegen der psychologischen Wirkung: Wer zu Friedenszeiten im Schutzraum seinem Hobby nachgegangen ist oder seinen Körper gestählt hat, der wird den vertrauten Keller im Ernstfall irgendwie gelöster, mit mehr Gelassenheit, betreten und trübe Gedanken leichter verscheuchen können. Erst recht gilt das für die Kinder, die vielleicht gar nicht merken werden, daß ihr Spielzimmer plötzlich seine Bestimmung geändert hat.

Freilich dürfen sie nun nicht einfach im Filtersand spielen, denn es gibt viel zu tun und alle müssen anpacken. Die raumsparend gelagerten Doppelbänke aus Aluminium müssen aufgebaut werden, die Familien-Komplett-Sets mit Schutzanzügen, Atemmasken, Helmen, Decken und Taschenlampen sind auf ihre Vollständigkeit zu prüfen, und man muß lernen, die Strahlungsmeßgeräte zu bedienen, die sich mit Hilfe eines Schraubenziehers auf unterschiedliche Warnschwellen einstellen lassen, – zum Beispiel auf die Schwelle oberhalb von 130 rem kurzzeitiger Ganzkörperbestrahlung, bei der Übelkeit und Erbrechen, aber noch keine Todesfälle zu erwarten sind, oder auf 550 rem, wo es auch mit Übelkeit und Erbrechen beginnt, aber so gut wie immer mit dem Tode endet: Der Summton des Meßgeräts meldet seinem Träger, daß er nun krepieren muß – eine letzte Serviceleistung hochentwickelter Mikroelektronik.

Die – ohnehin vermutlich kurze – Wartezeit bis zum Eintreffen der Druckwelle läßt sich weiter verkürzen, indem man die Handhabung aller Einrichtungsgegenstände studiert, den Wasserfilter ausprobiert, die Trockenkost sortiert (30 Portionen Käseomelette kosten übrigens 72 Mark 80) und den zehn Liter fassenden Fäkalienbeutel in die Chemical-Toilette mit verschließbarem Innenbehälter legt, falls der Hausherr nicht etwas tiefer in die Tasche gegriffen und die Frischwasser-Toilette bestellt hat, die zwanzig Liter, also ungefähr vierzig Portionen faßt und rechts eine Handpumpe für die Wasserspülung hat.

Auch empfiehlt es sich, anhand der Gebrauchsanweisungen die verschiedenen Verfahren der Dekontamination zu erlernen. Es mag zwar in der Praxis schwierig sein, zu ermitteln, ob man es mit Tabun zu tun hat und Schmierseife auf die Haut streichen müßte, oder zum Beispiel mit Lewisit, das man mit einer Calciumhypochloridlösung abwaschen kann — aber gerade weil

57

das alles sehr kompliziert ist, sollte man jede freie Minute nutzen, um in dem Büchlein zu lesen, das dem Zehn-Personen-Dekontaminations-Set für 385 Mark beigegeben ist.

Billig ist das alles nicht, aber Qualität hat ihren Preis, und wenn es ernst wird, wird alles noch teurer, und knapp obendrein — denn die Gesetze des freien Marktes gelten bis zum Eintreffen der Druckwelle. Am billigsten ist noch der verschleißarme, wiederverwendbare Spezialschwamm, mit dem man Radioaktivität von der Haut abwaschen kann; er kostet 11 Mark 80, heißt Collo-Dekontacoll und ist in einem Pappkarton verpackt, und so, wie auf einem Windelkarton ein Säugling und auf einem Zahnpastakarton ein Gebiß abgebildet ist, so trägt der Collo-Dekontacoll-Karton die wahrhaftige fotografische Wiedergabe eines Atompilzes, wohlgemerkt nicht als Piktogramm für Analphabeten, sondern als meisterliches, ungemein dekoratives Lichtbild, so recht geeignet, um dem, der sich dekontaminieren will, die Ursache der Kontamination vor Augen zu stellen und ihn dann, wenn es so weit ist, wehmütig an die idyllischen Zeiten denken zu lassen, in denen die Hersteller von Dekontaminationsschwämmen, weil sie noch keinen Atompilz gesehen hatten, kaltblütig genug waren, auf der Schwammpackung einen abzubilden.

Dekontaminationsschwamm und Notklo, Schmierseife und Tragbahre, Filtersand und Bunkertüren, noch kann, wer zahlungsfähig ist, alles ordern, was er zum Überleben braucht. Drei Artikel fehlen freilich auch in diesem so umsichtig zusammengestellten Katalog: Die Pistole, die der Bunkerbesitzer haben muß, um sich der Nachbarn zu erwehren, die auch in den Bunker wollen; zweitens, ein psychologisches Hand- und Hilfsbuch, in welchem erläutert wird, wie denn zum Beispiel sechs Personen auf der vorgeschriebenen Mindestgrundfläche von sechs Quadratmetern die vierzehn Tage bis zum Abklingen der Radioaktivität durchhalten sollen, ohne einander zu zerfleischen; und drittens fehlen im Angebot die Zyankalikapseln, die man braucht, wenn man nach vierzehn Tagen aus der Bunkertür tritt und um sich blickend erkennt, daß mit dem Überleben als solchem noch nicht viel gewonnen ist.

Die perfekte Notlösung

Die wissenschaftlichen Bemühungen der Gegenwart kann man in zwei Gruppen einteilen. Die der einen Gruppe zielen darauf, das Äußerste zu erreichen, die der zweiten, das Schlimmste zu verhüten. Zur ersten Gruppe gehören Mikrocomputer, Schnellbahnen, Kunstherzen, Videobänder, MX-Raketen und tiefgekühlte Menscheneier, kurz, die Perfektionierung auf allen Gebieten menschlichen Lebens und Sterbens. Zu der anderen Gruppe gehören alle Vorrichtungen und Verfahren, mit denen man versucht, die schlimmsten Folgen der Perfektionierung abzuwenden oder aufzuheben. Von Perfektion kann da so gut wie nie die Rede sein, eher von Notlösungen, und diese reichen von dem naiven Vorschlag eines sachunkundigen Ministers, dem Waldsterben durch die Züchtung säureresistenter Fichten beizukommen, bis zu dem fast schon gespenstischen Streit zwischen der amerikanischen Marine und der Ozeanographischen Gesellschaft über die Frage, ob man hundert alte, radioaktive Atomunterseeboote einfach in den Atlantik werfen dürfe oder nicht. Notlösungen das alles, – aber manchmal fügt es sich auch so, daß die Notlösung und der Perfektion eine bizarre Verbindung miteinander eingehen.

Der amerikanische Zoologe Norman Myers hat sich kürzlich im Bulletin of the Atomic Scientists mit der Frage befaßt, welche Strategie beim Schutz bedrohter oder aussterbender Pflanzen- und Tierarten die richtige sei. Myers beklagt, und sicher nicht zu Unrecht, daß die aufwendigsten Bemühungen einigen Publikumslieblingen zugute kämen und daß man dabei ganz unsystematisch vorgehe, eher zufällig hier diese Entenart und dort jene Antilopenart zu retten versuche, wobei manchmal nicht mehr herauskäme als eine durch Inzucht verdorbene kleine Population, deren Überleben kaum die Anstrengung wert sei, die man darauf verwendet habe. Andererseits, sagt Myers, reichen die Mittel nicht aus, um all jene vielen Hunderttausende von Arten zu erhalten, die wir, wenn alles so weitergeht, bis zum Ende des Jahrhunderts ausgerottet haben werden; wir müßten also, ob wir wollten oder nicht, eine Auswahl treffen, und wenn dies schon unausweichlich sei, dann solle man alle nur erreichbare Kenntnis von Pflanzen und Tieren darauf verwenden, das wirklich Wichtigste, das Unentbehrliche, das Wertvollste zu schützen.

Da fangen dann die Schwierigkeiten an, aber Myers gibt ein paar erste Hinweise, was denn wichtig, unentbehrlich und wertvoll sei. Warmblüter oder sonstwie menschenähnliche Tiere zum Beispiel, wie Delphine und Schimpansen, will Myers auf die Liste setzen, schon deshalb, weil dies dem zahlenden Publikum am ehesten einleuchtet. Auch die Tatsache, daß eine Art selten vorkommt oder selten geworden ist, soll ein Argument für ihren Schutz sein – freilich sagt Myers gleich dazu, daß man damit nicht viel weiter kommt, weil nämlich, verglichen mit den häufigen und verbreiteten Arten, neunzig Prozent aller Arten »selten« sind.

Einen Pluspunkt soll eine Art auch dann bekommen, wenn sie nachweislich innerhalb eines ökologischen Systems eine wichtige Schlüsselrolle spielt, wie etwa jene ausgestorbene Dronte auf Mauritius, deren Verdauungssäfte die Samen eines bestimmten Baumes überhaupt erst richtig keimfähig machten. Aber selbst eine hochentwickelte, mit Computerhilfe arbeitende ökologische Wissenschaft wäre niemals imstande, zuverlässige Meßzahlen über die ökologische Wichtigkeit einer Spezies zu liefern; so übersichtlich sind die ökologischen Netze nicht geknüpft, daß wir hoffen dürften, jemals zu lernen, wie man das Wichtige vom Unwichtigen scheidet. Ganz ähnlich steht es mit dem letzten Kriterium, das Norman Myers zum Maßstab der Erhaltungswürdigkeit einer Art machen will: mit dem praktischen oder ökonomischen Wert. Wir wissen zwar mit hinreichender Sicherheit, daß unter den zahllosen, heute bedrohten oder schon fast ausgerotteten Arten viele sind, die zum Beispiel für die Ernährung oder für medizinische Zwecke brauchbar sein könnten; aber wir ahnen nicht einmal, welche Arten das sind, und der Vorschlag, dies zu ermitteln und die Arten dann zu schützen, ist so illusorisch, daß es beinahe schon zum Lachen ist.

Vielleicht hat Norman Myers darin recht: daß unsere derzeitigen Bemühungen um die Rettung gefährdeter Arten unsystematisch sind, ein verzweifeltes Herumwuseln, mit dem wir uns allenfalls ein wenig täuschende Hoffnung verschaffen. Aber sein Gegenvorschlag, die Strategie zu verbessern und nach allen Regeln der Wissenschaft zu vervollkommnen, hebt die Täuschung nur auf eine höhere Ebene und zeigt eher noch deutlicher, daß wir längst die Grenzlinie überschritten haben, bis zu der die menschliche Schlauheit reicht und jenseits derer auch die perfektionierte Notlösung zur Farce, zum Selbstbetrug wird. Die Heere von Wissenschaftlern, die nötig wären, um den von Norman Myers geforderten Katalog, diese Rangliste aller Lebewesen, zu erstellen, sind anderwärts beschäftigt, mit der Erfindung von Giftgasen und sonstigen Vernichtungsmitteln. Und gerade die Daten und Informationen, deren Ermittlung Myers fordert, liefern in Wirklichkeit nur die Stichworte zur Kennzeichnung unseres Unwissens: Just das, was wir nach Myers Ansicht wissen müßten, können wir niemals in einem auch nur annähernd für strategische Zwecke ausreichenden Maße erfahren. Eben dadurch aber wird um so deutlicher, daß es gar nicht mehr darum geht, ein paar nützliche Urwaldpflanzen herauszupicken und in die Zukunft – in welche Zukunft? – zu retten, sondern darum, ab sofort die Gewinnung von Möbelhölzern in den Tropenwäldern einzustellen, – nicht mehr darum, ein paar Meeresalgen zu retten, weil sie für die Krebsbekämpfung in Betracht kommen könnten, sondern die Versenkung alter Atom-U-Boote im Meer zu unterlassen, damit die Algen gar nicht erst in Gefahr kommen, – und auch nicht darum, in jahrzehntelanger Arbeit säureresistente Fichten zu züchten (zweifelhaft genug, ob es überhaupt gelingen könnte), sondern darum, mit der äußerst möglichen Eile die weitere Erzeugung von Schwefeldioxid und Stickoxiden und Cadmium und unvollständig verbrannten Kohlenwasserstoffen zu verhindern, bis an die unterste Grenze dessen, was für unser schieres Überleben unerläßlich erscheint – jede Handbreit, die wir darüber bleiben, beschleunigt unseren Untergang. Es ist ja nicht, wie manche Optimisten uns weismachen wollen, fünf vor zwölf, es ist nicht Zeit, die Notlösungen auch noch zu perfektionieren und wissenschaftlich abzusichern, sondern es ist fünf nach zwölf, die Sturzfahrt längst im Gange, und unsere erste Frage hätte nicht die zu sein, was wir in dieser Lage anzufangen hätten, sondern die: Womit wir aufzuhören hätten, auf der Stelle und um beinah jeden Preis.

Der Aufenthalt im Schwenkbereich des Baggers ist verboten

Paradoxien des Schutzes

Ob ein Anschnallgurt sich als Lebensretter bewährt oder ob er zum Mordinstrument wird – das weiß man immer erst hinterher. Die Statistik gibt zwar den Verfechtern des Anschnallens recht, aber eben nur in einem statistischen Sinne: Für jemanden, der angegurtet stirbt, ist es ein schwacher Trost, daß er statistisch viel mehr Aussicht aufs Überleben gehabt hätte. Bei aller Ungewißheit bleibt es indessen ein einleuchtender Gedanke, daß jemand, der in einer Blechkabine vierzig Meter in der Sekunde zurücklegt, irgendwelche Schutzvorkehrungen trifft.

Andererseits ist auch der Widerwille, den so viele Fahrer gegen den Anschnallgurt hegen, verständlich: Das angenehme Gefühl, man habe die eigenen körperlichen Möglichkeiten auf ein Vielfaches gesteigert, kann sich nicht recht entfalten, wenn der Gurt seinen Träger an die Grenzen erinnert, die ihm gesteckt sind: So göttlich er fahren mag, er bleibt doch ein leicht zerbrechlicher Mensch, der zwar den Beschleunigungskräften des Apparates gerade noch gewachsen ist, nicht aber der Wucht eines jederzeit möglichen Aufpralls.

Der Gurt ist also eine zwiespältige Sache und eben deshalb eine brauchbare Metapher für ein ebenso zwiespältiges Prinzip, welches unser Leben derart durchdringt, daß es weithin tatsächlich zum Lebensprinzip geworden ist: Das Prinzip des Schutzes vor den Risiken, die von unseren selbstgefertigten Apparaten ausgehen.

Irgendwie müssen wir uns dauernd anschnallen. Wir sind

von Schutzvorrichtungen aller Art umgeben und sind gehalten, diese nicht als belästigende Einschränkung zu sehen, sondern als eine Fürsorge anzunehmen, die man zu unserem Besten ersonnen hat.

Wann immer wir aus der Tür treten, stoßen wir auf Barrieren und Gitter, auf Mauern, Schranken und Sicherungen, auf Warnungen und Verbote, auf Signale und Kontrollen, auch auf Helme und Masken und Schutzanzüge.

Wir bleiben klaglos vor den Ampeln stehen, die uns zwingen, den Autos die Straße freizuhalten. Wir wundern uns kaum mehr darüber, daß wir immer öfter, wenn wir den Blick heben, einer Videokamera in die Linse sehen, die uns zu irgendwessen Schutz beäugt. Wir lassen uns einsperren oder aussperren, je nachdem, und viele von uns verfügen über elektronisch ablesbare Ausweiskärtchen, mit denen allein sich die Abschottungen überwinden lassen.

Häufig hat der Schutz den Charakter der Verteidigung. So montieren wir unseren Kindern, wenn sie das erste Fahrrad bekommen, einen roten Plastikpfeil an den Gepäckständer und geben ihnen den Rat mit auf den Weg, sie sollten defensiv fahren, nicht anders also, als würden sie fortwährend angegriffen.

Jeder Bagger, dem wir begegnen, ruft uns auf einem gelben Schild zu, daß der Aufenthalt in seinem Schwenkbereich verboten ist, und für jeden Apparat, den wir benutzen, gibt es detaillierte Anweisungen darüber, was wir mit ihm, bei Strafe des Todes oder der Invalidität, alles nicht tun dürfen. Die Zahl der Daumenkuppen, die trotzdem Tag für Tag in den Küchen der zivilisierten Welt von Schneidemaschinen abgesäbelt werden, und die Zahl der Hände, die Sommer für Sommer in Rasenmähern zerstückelt werden, meldet keine Statistik.

Spülbecken und Wasserklosetts reinigen wir mit Stoffen, die auch zur spurlosen Beseitigung von Leichen taugen würden. Entsprechend drohend sind die Mahnungen auf den Etiketten, sie klingen dumpf, als kämen sie aus den Gräbern derer, die ihnen zuwidergehandelt haben. Mit jedem Spritzer, der auf die Haut gerät, müssen wir zum Arzt gehen, mit jedem Spritzer auf der Jacke zum Kunststopfen.

Der Fülle von Warnungen, Vorsichtsmaßnahmen und Sicherheitssystemen auf der Ebene schlicht bürgerlichen Lebens entsprechen prinzipiell gleiche Vorkehrungen auf dem höchsten Niveau neuzeitlicher Technik:

Astronauten sind verpackt in einen Schutzanzug, der sie völlig von der Außenwelt abschließt und sogar ihre Ausscheidungen einbehält, um sie der künstlichen Innenwelt wieder nutzbar zu machen. Genetiker und Nuklearchemiker stehen vor hermetisch abgedichteten Unterdruckzellen, innerhalb derer sie entweder mit ferngesteuerten Kunsthänden manipulieren oder mittels eingebauter, an langen Manschetten beweglicher Handschuhe. Hingegen läuft das Bedienungspersonal von Computern meist in Hemdsärmeln herum — aber das liegt daran, daß die Gerätschaften *selbst* durch genaueste Klimatisierung der Räume vor unzuträglichen Einflüssen geschützt sind.

Eine der höchsten Steigerungen des Schutzes ist der Schleudersitz — der Abschuß als letztes Rettungsmittel, die Verwandlung des Menschen in ein Geschoß.

Zwischen dem Schleudersitz am Himmel und dem Anschnallgurt auf Erden bilden Schutzvorkehrungen der unterschiedlichsten Art einen wesentlichen Teil unseres zivilisatorischen Lebens. Mit dem Bemühen, uns vor irgend etwas zu schützen, verbringen wir einen guten Teil unserer Zeit, und die Nötigung, dies zu tun, beschäftigt ganze Berufsgruppen, Forschungsinstitute, Industriezweige und Behörden.

Irgendwie müssen wir uns dauernd anschnallen, und der Fortschritt ist meist mit Anweisungen zu noch festerem Anschnallen verbunden.

Daß uns dies nicht immer deutlich bewußt wird, liegt natürlich an der Gewöhnung: Erst nach und nach sind all diese Nötigungen in unser Leben getreten, und manche Schutzvorkehrungen haben nur ältere abgelöst, so daß der Wechsel kaum auffiel, — obwohl die Strafen für Zuwiderhandlungen um so schwerer wurden, je moderner die Zeiten. Wer früher das Schild »Baden verboten« mißachtete, bekam schlimmstenfalls eine Verwarnung, wer sich heute darüber hinwegsetzt, muß damit rechnen, sterbenskrank zu werden.

Zwar konnte man auch unter einem Pferdefuhrwerk zu Tode kommen oder sich mit der Salzsäure verätzen, die man einst zur Rohrreinigung benutzte. Aber die Verkehrsunfälle verliefen damals doch im Durchschnitt glimpflicher, und um seine Frau zu vergiften, mußte ein Mann, je weiter zurück in der Geschichte, um so länger suchen, ehe er etwas Zweckdienliches gefunden hatte, während er heute nur in ein Gartengeschäft zu gehen braucht; dort bekommt er genug, um die ganze Familie auszurotten.

Vor irgend etwas haben sich die Menschen zu allen Zeiten schützen müssen: Vor Wind und Wetter, vor Sturm und Flut, vor Räuberhorden und wilden Wölfen, vor Blitz und Donner, Hungersnot und Pestilenz. Die Pointe der historischen Entwicklung, in deren Verlauf wir uns die meisten dieser Gefahren vom Halse geschafft haben, liegt aber darin, daß die Verfahrensweisen, mit denen uns dies gelungen ist, ihrerseits wiederum Gefahren bergen, vor denen wir Schutz suchen müssen.

Die Schutzvorkehrungen und Sicherheitsvorrichtungen, die Warnungen und Verbote, die das neuzeitliche Leben erfüllen, sind nur Symptome. Es spiegelt sich darin die Gefährlichkeit – in vielen Fällen auch: die empfindliche Komplexität – wissenschaftlich-technischer Errungenschaften. Sonst wohlverborgen und nicht recht faßbar, manifestieren sich die Risiken in den Vorrichtungen, die ihrer Vermeidung dienen. Die Gefahren werden sichtbar, stülpen sich nach außen in der Gegengestalt der Schutzmaßnahme. Der Motorradhelm gibt eine Andeutung von den Kräften, die den Schädel zertrümmern könnten. Der Anschnallgurt gibt eine Ahnung von der Wucht des möglichen Aufpralls –

– und die oft ans Absurde grenzenden, verzweifelten Bemühungen um Naturschutz, Landschaftsschutz und Denkmalschutz ergeben, spiegelbildlich gelesen, die Beschreibung der Brutalität, mit welcher die Verwüstung der Welt exekutiert wird. Wo ganze Hundertschaften Monate und Jahre rebellieren müssen, um einen kleinen Teich zu retten, da wird augenfällig, mit welcher Macht der Fortschritt einherstampft, Natur und

Landschaft und Denkmäler zu einem Grus zermalmend, der sich in Säcke abpacken und verkaufen läßt.

Man könnte glauben, die Summe der Störungen und Zerstörungen wäre über die Zeiten ziemlich gleichgeblieben oder müßte sich sogar verringert haben, da ja die Lebenserwartung in einem Maße gewachsen ist, von dem man vor zwei- oder dreihundert Jahren nur träumen konnte. Aber so einfach dürfte nur das Milchmädchen rechnen, und da dieses im Zuge hygienischer Schutzmaßnahmen längst entlassen worden ist, muß man das alles etwas genauer auseinanderdividieren.

Zuallererst muß in Erinnerung gebracht werden, daß frühere Zeiten die drohenden Gefahren, Krieg und anderen Mord einbegriffen, als etwas Unabänderliches in ihr Bild vom Leben einfügten und damit, wenn nicht vielleicht sogar tiefere Einsicht, so doch mindestens ein preiswertes Beruhigungsmittel gewannen. Ein herzliches »Gott befohlen!« ist allemal billiger als eine Vollkasko-Versicherung – und irgendwie trifft es den Kern des Problems sogar besser als diese. So wie die Vorstellung, Zeus sei es, der die Blitze schleudere, zugleich mit dem Blitzableiter auch einen Teil der Angst unnötig macht – übrigens genau jenen Teil, der mit keinem technischen Mittel zu beseitigen ist, weil er sich auf die Unberechenbarkeit des zufallenden Schicksals bezieht.

Selbst wenn man die Bannung der Gefahren durch mythische Personifizierung und allerlei andere Projektionspraktiken als rührenden Selbstbetrug ansehen möchte, bleibt doch der Nutzeffekt offenkundig: Er bestand in einer Gelassenheit, die es verbietet, die Gefahren von damals so einfach mit denen von heute zu verrechnen.

Außer dem Vorzug der Billigkeit hatte die alte Methode noch den weiteren Vorteil, daß sich der Wunsch nach Verbesserung des Schutzes in anständigen Grenzen hielt, während mit dem Fortschreiten des Fortschritts die Notwendigkeit des Schutzes sich im gleichen Maße steigerte, wie die Sicherung gegen Unbill aller Art zu gelingen schien. Inzwischen ist es nötig geworden, daß wir uns vor den Apparaten schützen, die uns schützen sollen – und wir müssen auch die Apparate selber schützen, denn sie sind hinfällig bis dorthinaus.

Es wäre naiv, gegen solchen Schutz zu streiten oder darüber zu spotten. Er ist bitter nötig, überlebenswichtig, er soll die Unverletztheit der Apparate garantieren oder die Sicherheit gegen ein Ausbrechen der Kräfte, die in ihnen gesammelt und gebändigt sind. Diesen Zwecken entspricht es, daß so viele Apparate nach dem Prinzip des Kastens gebildet sind, – im eigentlichen Sinne oder auch in einem übertragenen, nicht immer gleich ins Auge springenden Sinn der Absperrung und Aussperrung.

Jede Generation technischer Erfindungen zeigt in ihren Gestalten und Strukturen metaphorisch etwas von den Grundgedanken vor, aus denen die Erfindungen entstanden sind – oder etwas von den Versehrungen, zu denen sie führen. Einer der Aspekte jüngster Technik ist, daß sie ihre Strukturen *verbirgt*. Unter Hauben und Schutzschilden, in Behältnissen aller Art wird unsichtbar gemacht, was die Apparaturen antreibt, in Kabeln und Schächten wird verborgen, was die inneren Zusammenhänge der Teile verbürgt, in Kästen werden die Steuerungsmechanismen verstaut, in unbetretbaren »Containments« laufen die atomaren Prozesse ab, in Autoklaven die genetischen Verwandlungen. Ein ganzer Berufsstand befaßt sich mit nichts anderem als damit, den Apparaten ein »Design« zu geben, eine Verpackung, die den Inhalt verhüllt.

Die Apparate des neunzehnten Jahrhunderts waren oft mit griechischen Säulen und anderem Zierat herausgeputzt, doch blieb ihre Funktionsweise durchschaubar. Die Apparate des zwanzigsten Jahrhunderts werden kaschiert, ihr Innenleben wird verborgen, ihre idealtypische Gestalt ist der Kasten, mit allen Übergangsformen zur Kugel einerseits und zur Rakete andererseits.

Das Prinzip des Kastens erscheint noch einmal auf einer höheren Ebene im Begriff der »black box«. Der Ausdruck besagt in der Wissenschaft, vor allem in der Biologie, daß man von einem Vorgang zwar weiß, daß und wo er abläuft, nicht aber, wie er sich im einzelnen vollzieht. Man weiß, was in die black box hineingeht und man weiß, was herauskommt, aber nicht, was eigentlich in ihrem Innern vorgeht.

Auch für viele Benutzer und Bediener von Apparaten sind

68

diese nichts weiter als sorgfältig verhüllte black boxes; man ist mit ihnen nur durch Knöpfe und Steuerungshebel verbunden; was man steuert, bleibt in den Behältnissen verborgen und gibt sich nur durch einen output von Funktionen kund, manchmal auch nur durch das Aufleuchten von Signallämpchen.

In den Kästen verbirgt sich das Feine, das unerhört Komplizierte, für Störungen jeder Art Anfällige, ein hochgezüchtetes Innenleben, das keinerlei Irritationen verträgt. Es muß geschützt werden gegen Berührungen, gegen klimatische Einflüsse, gegen Licht und Feuchtigkeit, auch gegen etwa geplante vorbedachte Angriffe von außen, die die Ordnung der Apparate in Konfusion verwandeln wollen.

Es verbirgt sich in den Kästen und hinter den Armaturenschildern aber auch das unmäßig Gefährliche, die trickreich gebändigte Energie, die vorläufig gezähmte Gewalt. Gigantische Kräfte werden erzeugt, abgeleitet, umgesteuert, blockiert – und könnten ohne solche Blockaden alles um sich herum vernichten. Es sind chemische, physikalische oder biologische Energien, – aber auf die Spitze getrieben erscheint das Prinzip des Kastens in den Atomkraftwerken; alle seine Aspekte sind hier vervielfacht und vereinigt:

Empfindliche Apparaturen in jeweils mehrfacher Ausfertigung, ungeheure Energien, die ihren Ursprung in der Zerspaltung der Materie selber haben und jegliche Materie gleichsam infizieren können, – das Empfindliche und das Gewaltige verpackt und eingehüllt durch ein Labyrinth von Schleusen, Abschottungen, Schächten und Schildern, im Zentrum das Containment, die riesige Stahlkugel, innerhalb deren sich die Entfesselung der Kernkräfte vollzieht; all diese Kästen ineinandergeschachtelt und wiederum von Kästen umgeben, aufgetürmt zum Komplex einer Zwingburg, und diese zuletzt noch eingeschlossen von Schutzringen aus Beton und Festungsgräben und dem für gewöhnlich unsichtbaren Kordon peinlich genauer Kontrolle.

Am anderen Ende dieser Technologie, bei den Überresten, die davon bleiben, gerät der Schutz, den man davor finden muß, in mythische Dimensionen. Die Maschinerie, welche die

Materie in ihre nie zuvor dividierten Teile spaltet und neue Elemente erzeugt, die es nie zuvor gegeben hat, produziert zugleich mit der vergänglichen Nutzenergie einen unvergänglichen Abfall, den man um jeden Preis der Welt wieder loszuwerden suchen muß, wenn man nicht daran zugrunde gehen will.

Aber die tödliche Asche widersetzt sich allen Versuchen der Beseitigung, und selbst wenn es gelänge, sie zu verstecken, dürfte man sie doch nie aus dem Gedächtnis der Menschheit löschen, weil ihre unabsichtliche Freilegung sogleich die tödliche Bedrohung wieder aufleben ließe. Die Erinnerung an die Müllgräber muß auch dann noch wachgehalten werden, wenn diejenigen längst verblichen sind, die den Abfall erzeugt haben, und wenn die Energie längst verpufft ist, derentwegen er erzeugt wurde. Wir wissen nicht, ob die Menschen in zweitausend oder in zehntausend Jahren überhaupt imstande sind, damit umzugehen; wir wissen nicht einmal, wie wir ihnen zuverlässig die Kunde übermitteln sollen, daß dies eine gefährliche Hinterlassenschaft ist.

Eine amerikanische Wissenschaftlerin namens Kaplan, mit dem Nachdenken über eine Lösung dieses Problems betraut, hat vor einiger Zeit den Vorschlag gemacht, solche radioaktiven Deponien mit Basaltsäulen nach dem Muster des englischen Stonehenge zu kennzeichnen: Stonehenge als Verbotsschild, der Abklatsch eines grandiosen Dokumentes früher Einsicht in den Lauf der Sterne als Warnung vor dem Strahlentod, der in unserem nachgelassenen Unrat lauert, ein Zeugnis bewundernswerten Wissens umfunktioniert zu einer Art Höllentor am Eingang zur Müllkippe: Die Wandlung des alten Stonehenge zu einem neuen Stonehenge ist nicht nur ein Bild für das überzeitliche Maß des Schutzes, der hier aufgerichtet werden muß, sondern auch ein Zeugnis dafür, wie unter dem Regime der Technik schließlich alles zur Banalität verkommt. Stonehenge als Müllplatzschild, und die Spaltung des Atomkerns als Mittel zur Erzeugung heißen Wassers, – hinter solcher Banalität freilich ein Unratberg, der menschliche Möglichkeiten übersteigt. Schon nimmt man Zuflucht zur Utopie: Isaac Asimov, ein bewanderter Wissenschaftler und einfallsreicher Science-Fiction-Autor, versichert uns neuerdings, er sei sich nun endgültig darüber klar geworden, daß das Gespenst des radioaktiven Abfalls sich gar bald verflüchtigen werde: Innerhalb der nächsten zwanzig Jahre werde man endlich die Raketen zur Serienreife entwickelt haben, die den Dreck gefahrlos ins Weltall tragen, und noch zwei Jahrzehnte später werde man Fusionsreaktoren haben, in denen er sich in Dunst auflösen werde.

Aber das ist der Dunst der Träume. Aus unseren Alpträumen versuchen sie neue Träume zu machen, so wie sie zuvor die alten Träume zu Alpträumen gemacht haben. Zwar ist die Hoffnung, daß die Technik die von ihr selbst erzeugten Probleme wieder selbst mit technischen Mitteln zu lösen vermöchte, immer wieder in Erfüllung gegangen – doch hat die Erfüllung auch immer wieder (und stets schwerere) Probleme mit sich gebracht, was eben doch heißt, daß der Traum irgendwann unerfüllbar wird, und sei es nur dadurch, daß der Preis für seine Verwirklichung höher ist als der zuvor erzielte Gewinn; die Pleite ist dann unabwendbar.

Der fortwährend prolongierte Traum von der endlichen Abschaffung aller Probleme ist auf seine Art auch eine Schutzvorrichtung, eine Abschottung gegen die Außenwelt, ein Paravent, an dem die Fragen abprallen sollen. Aber solche Traumbilder ähneln den optischen Täuschungen, bei denen man, zum Beispiel, das Foto eines Mondkraters vor sich zu haben glaubt: Urplötzlich springt das Bild um, und an der Stelle des Kraters erhebt sich ein Berg. So können die Bilder des Schutzes schlagartig zu Bildern der Gefahr werden und die Größe der Bedrohung ins Bewußtsein rufen.

Das gilt auch für die Vorrichtungen, die das technische Mach-Werk gegen Menschen schützen sollen, die es erstürmen wollen: Stacheldrahtrollen, Wassergräben und Betonpalisaden bilden die Kräfte ab, die sich von außen gegen die Apparaturen erheben.

Man kann es grotesk finden, daß ein so nützliches zivilisatorisches Geschäft wie die Erzeugung von Energie gegen aufgebrachte Volksmassen geschützt werden muß, mit Mauern und

Gräben, ähnlich wie sich früher die Städte gegen marodierende Banden schützten, nur der Stacheldraht ist neu.

Man kann es aber auch gespenstisch und bedenkenswert finden, daß die Technologie der Energieerzeugung einen Stand erklommen hat, von dem aus sie sich nur noch mit Gewalt einer Angst zu erwehren vermag, die sich nicht aufs Containment verlassen will und auf die mehrerlei Barrieren, sondern die das Zerstörungspotential als solches im Auge behält und gerade in den Schutzvorrichtungen verbildlicht sieht.

Je höher die Geschwindigkeiten, die Drücke und Temperaturen, je stärker die Strahlungen und Gifte, um so mächtiger müssen die Schutzschilde sein und um so strikter die Anweisungen, denen man Folge zu leisten hat. Schwer verriegelte Türen schützen das Allerheiligste, davor liegen Schleusen und Kammern als Pufferzonen, auch Warnlampen und Lichtschranken, mit denen man Unbefugte dingfest machen kann. Verhaltensweisen und Abfolgen von Verhaltensweisen werden bis ins letzte vorgeschrieben, und wer die Reihenfolge mutwillig oder versehentlich ändert, der ist des Todes oder wird durch ein Signal auf seinen Fehler aufmerksam gemacht.

Die Signale müssen durchdringend, unüberhörbar oder unübersehbar sein, sie müssen so verletzend sein, daß es niemals zur Gewöhnung kommen kann. Wo die Apparaturen sich warnend oder fordernd bemerkbar machen, tun sie es fast immer auf eine kränkende Weise. Gelbe Blinklichter gehören noch zum Harmlosesten im Arsenal der Abwehr und Warnung; sie werden begleitet von schnarrenden Geräuschen oder von einem elektronischen Fiepen, das gerade deshalb zweckdienlich ist, weil es unerträglich wirkt; schließlich: die Sirenen, deren Laute nicht so verlockend, aber ebenso verderbenbringend sind wie die Gesänge der Göttinnen gleichen Namens, denen Odysseus seinerzeit nur durch eine List entging.

Sirenen zeigen in der Regel an, daß ein unerwünschtes Ereignis, um dessen Vermeidung man sich bemüht hat, dennoch eingetreten ist oder in Kürze eintreten wird. Wenn man schon das Ereignis selber nicht abwenden kann, will man die Leute wenigstens noch zuverlässig erfahren lassen, wann sie den Kopf zwischen die Schultern und die Beine in die Hand nehmen müssen. Insofern ist die Sirene von symbolischer Bedeutung; sie steht dafür, daß das Versprechen der Techniker, man werde für jedes technisch verursachte Risiko wiederum eine technische Lösung finden, eine windige Verheißung ist: Zum Schluß bleibt doch nicht mehr als ein Gerät, mit dem man die Opfer zur Flucht auffordert. Die Perfektion der Warnsysteme, welche Sicherheit vorgaukeln, bleibt aber stets zurück hinter der Entwicklung der zerstörerischen Potenzen, vor denen gewarnt werden soll.

Indem die Apparaturen Warnlaute ausstoßen und Verhaltensweisen erzwingen, verliert sich immer mehr ihr dienender Werkzeugcharakter. Es beginnt die Unterordnung des Menschen unter den Apparat, den er bedient, und findet ihre letzte Steigerung im Schleudersitz: Der Schutz, den dieser zu bieten hat, besteht darin, daß er den Bediensteten in einer Kapsel hinauskatapultiert, gleichsam mit letzter Kraft, bevor er selber zugrunde geht.

Man könnte diesen Hinauswurf noch als eine Art Freundschaftsdienst des Apparates auffassen. Sonst aber verhält es sich eher so, daß der Apparat, je mehr Kraft er birgt, um so eher zu einem Gegner wird, dem gegenüber Mißtrauen, Vorsicht und strenge Kontrolle am Platze sind — aber die Kontrolle wendet sich sogleich gegen den Bediensteten, weil in Wirklichkeit *er* es ist, der von der Maschine auf seine Geistesgegenwart hin kontrolliert wird.

Je wirkungsvoller die technischen Vorrichtungen sind, um so stärker wird die Nötigung, vor ihnen Schutz zu suchen. Vergessen sind die Wölfe und die Stürme: Die Freude über die Wohltaten der Technik wird verdrängt von der Angst vor ihren Folgen, und die Schutzvorrichtung erzeugt, auf einer neuen Ebene, eine neue Beklemmung, die weit mehr als die vorige mit einem Empfinden des Zwangs, der Fesselung verbunden ist, mit dem Bewußtsein der Abhängigkeit.

Ein anschauliches Gleichnis dafür ist die Gasmaske, dieses ziemlich einfache Instrument zum Schutz vor giftigem Aushauch der chemischen Technik. Die Gasmaske macht nicht nur aus dem, der sie trägt, einen grausigen Popanz, sondern verursacht auch unmittelbar das Gefühl des Eingeschlossenseins bis zur Unerträglichkeit: Aus dem Schutz wird schließlich die Angst geboren.

Trügen wir all die Schutzmasken, hätten wir all die Filter eingebaut, die eigentlich nötig wären, um uns der Flut von Abgasen, Abwässern, Lärm und Chemikalien zu erwehren, die uns bedrängen – dann gewönnen wir erst ein anschauliches Bild vom Ausmaß dieser Bedrohungen. Wüßten wir, wie viele Tanks mit radioaktiven Abfällen unausgesetzt gekühlt werden müssen, damit sie nicht überkochen, wie viele Deponien ständig beaufsichtigt werden müssen und wie viele unbeaufsichtigt und halb oder ganz vergessen unter unseren Städten und Straßen liegen, hätten wir mehr als nur eine dumpfe Ahnung davon, was alles aus Schloten und Röhren quillt, – dann wüßten wir, daß die Erde längst unwirtlicher geworden ist, als wir uns klarzumachen wagen, und daß man Tag für Tag alles Erdenkliche unternimmt, um sie endgültig unbewohnbar zu machen.

In England, in Amerika, in Italien, in den Niederlanden gibt es das schon: daß man ganze Gemeinwesen abschaffen mußte, weil sie auf Gift gebaut waren. Das großflächige Sterben der Wälder in Mitteleuropa scheint nicht mehr aufzuhalten, und in den Alpen beginnt man sich schon jetzt, sicher nicht zu früh, darüber Gedanken zu machen, ob und wie die Siedlungen in den Tälern vor den Geröll- und Schneelawinen zu schützen sind, die über die dann verkahlten Hänge hinunterdonnern.

Der Schutz vor den Folgen der Apparate, soweit er überhaupt möglich ist, führt zu immer neuen Zwängen und wird, je größer und drängender die Gefahren, um so mehr zu einer Institution eigenen Rechts, die den Schutz als Reglement durchsetzt. Je komplizierter und anfälliger die Apparate sind, um so mehr sind sie auch dem direkten Zugriff derer entzogen, die sie bedienen. Die eigentliche Herrschaft, die Kenntnis der Gefahren und die Entscheidung über den Umgang mit ihnen liegt nicht bei den Bediensteten, sondern ein oder mehrere Stockwerke höher in einem weit engeren, exklusiven Kreis von Zuständigen. Dabei etabliert sich auch in bezug auf den Schutz eine hierar-

chische Abstufung, innerhalb deren Wissen und Verfügungs-
gewalt sorgfältig verteilt sind, und in gewisser Weise werden
die alten Verhältnisse der Unerklärbarkeit göttlicher Schickun-
gen wiederhergestellt. Die Mechanismen sind kaum oder gar
nicht mehr durchschaubar, es bildet sich eine Welt von überge-
ordneten Kräften und Mächten, deren Priester die Experten
sind, oder: deren Experten zu Priestern werden, betraut mit der
Gewalt über die neuen Bedrohungen, die an die Stelle der alten
getreten sind.

Freilich herrscht auch hier das Gesetz der Banalisierung, und
die Röcke der neuen Priester sind unscheinbare Einreiher. Keinerlei Weisheiten werden da gehegt, sondern nur Informationen geheckt, und mit diesen verfährt man, wie es die Zweckmäßigkeit gebietet, das heißt, man hält sie zurück. Der Schutz,
der gewährt wird, bemißt sich nach der Menge der Informationen, die man preiszugeben bereit ist.

Wenn sich, beispielsweise, erwiesen hat, daß ein pharmazeu-
tisches Präparat oder ein Schädlingsbekämpfungsmittel nicht
ungefährlich ist, dann entscheiden die Experten ziemlich frei-
händig darüber, ob sie ihre Informationen ruchbar werden
lassen und danach handeln, oder ob sie Länder und Märkte
suchen, in denen sich ihre Stoffe ohne Rücksicht auf die Gefährdung der Abnehmer doch noch verhökern lassen. Wer sich
vor solchen Wirkungen schützen wollte, müßte über das Wissen
verfügen, das in den Safes gehütet wird.

Und als im Mai 1953 zwei Atombombentests in Nevada Tausende von Schafen dahinrafften, da bemühte sich die amerikanische Atomenergie-Behörde mit Erfolg, die Untersuchungs-
daten teils zu fälschen und teils zu unterdrücken, um die ver-
störte Bevölkerung zu beruhigen. Dreißig Jahre dauerte es, bis
dann endlich ein mutiger und geduldiger Chemiker genügend
Beweismaterial gesammelt hatte, um einen nun freilich für die
Schuldigen um so blamableren Prozeß auf den Weg zu bringen.

Das sind nur zwei kleine, ganz zufällig aus dem Wust von
Lüge und Täuschung herausgegriffene Beispiele, die immerhin einleuchtend machen, warum die von den Verwaltern wis-

senschaftlich-technischen Fortschritts abgegebenen Garantieerklärungen allenthalben auf Mißtrauen stoßen und eher als Belege für eine Abhängigkeit gewertet werden, der mit eigenen Kräften gar nicht zu entkommen ist.

Als die Farmer von Nevada sich seinerzeit Geigerzähler anschafften, um selber nachzuprüfen, wie es sich mit der Strahlung verhalte, da reagierte die Atombehörde mit einer Karikatur. Unter dem Bild eines einfältigen Cowboys, der dem Klicken seines Geigerzählers lauscht, stand zu lesen: Niemand solle sich aufregen, wenn der Apparat »verrückt spiele«, es habe nichts zu besagen. Derweilen hütete man in den Schreibtischschubladen die Daten, aus denen abzulesen war, daß die Cowboys von Nevada allen Grund hatten, sich zu sorgen.

Der wissenschaftlich-technische Fortschritt kann nur mittels des Schutzes bestehen, die Apparate und Verfahren funktionieren nur, wenn die darin wirkenden Kräfte und Stoffe stets gezähmt bleiben. Aber jeder Schutz, jede Fesselung der Kräfte bleibt notwendig provisorisch und steht für das unausbleibliche Scheitern. So ist der Schutz, der angeboten wird, keine Beruhigung, sondern eine Drohung, von Mal zu Mal verstärkt durch den Nachweis, daß und wo und in welcher Weise die Schutzvorrichtungen versagt haben –

– falls man überhaupt daran gedacht hat, sie einzuplanen. Aus der Gereiztheit, mit der man gegenwärtig die möglichen Ursachen des Wäldersterbens diskutiert, läßt sich ablesen, wie ratlos und verblüfft man vor der Tatsache steht, daß man offenbar etwas vergessen hat und nun wahrscheinlich nicht mehr verhindern kann, daß ganze Landstriche und vielleicht ganze Länder zu öden Steppen werden. Schier totlachen wollte man sich vor achtzig oder hundert Jahren (und einige lachen heute noch) über den Argwohn, die neuen Benzinkutschen könnten die Luft verpesten und die Welt vergiften; heute darf man annehmen, daß mindestens die Hälfte jener Stoffe, an denen die Bäume zugrunde gehen, aus den Auspuffrohren der Autos stammt –

– und daß übrigens selbst die sofortige Einstellung des Straßenverkehrs die Wälder nicht mehr retten könnte. Die Verwüstung nimmt ihren Lauf, das Schutz-Netz wird mürbe an vielen Stellen, und die Hilflosigkeit des Menschen vor den Zerstörungspotenzen seiner eigenen Errungenschaften tritt so klar zutage, daß auch den unerschütterlichsten Optimisten ein Schauer über den Rücken laufen müßte und die gewiegtesten Propagandisten ein bißchen ins Stottern kommen sollten.

Währenddessen aber macht ein anderer Schutzmechanismus geradezu rasante Fortschritte: die Elektronik mit all ihren fabulösen Möglichkeiten der Datenerfassung und -speicherung, der Steuerung und Kontrolle, der Miniaturisierung und Kaschierung. Die unsichtbaren Heinzelmännchen, die Tarnkappe, der Ariadnefaden im Labyrinth, solche und andere sagenhafte Phänomene gewinnen mit Hilfe von Chips und Mikroprozessoren und Textautomaten Realität, Doktor Allwissend steht vor der Tür und schiebt sein Kabel drunterher, und die Zauberstäbe gibt es jetzt mit Fernbedienung und Automatik.

Die neuen Apparate sind nötig, um die alten noch effektiver zu machen. In den elektronisch bestückten Kästen spielen sich Wunder der Präzision ab, die Waschmaschine und die Weltraumfahrt funktionieren nach nahezu gleichen Prinzipien, und alles ist mit allem kombinierbar, was in der Fachsprache kompatibel heißt und – ähnlich wie die genetische Manipulation bei den Lebewesen – bedeutet, daß man jeden Apparat mit jedem anderen zusammenschalten kann. Das technische Grundprinzip des Kastens wird erweitert zum Prinzip des Baukastens, und selbst die blühendste Phantasie kann nur langsam fassen, welche unendlichen Möglichkeiten sich hier auftun.

Sollte es irgendwo noch einen Lebensbereich geben, in den die Mikroelektronik noch nicht eingedrungen ist, so wird sie in Kürze mit der Eroberung beginnen. Alles, was jetzt noch den Witzeerfindern als absurder Ulk einfällt, wird Realität werden – aber zu lachen gibt es dann nicht mehr viel.

Am wenigsten wird man lachen können über die Praktiken, mit denen das Staatswesen als solches und das Apparatewesen im besonderen – soweit es da nicht schon zu einer alchimistischen Hochzeit gekommen ist – gegen Störfaktoren aller Art geschützt werden. Die Datenverarbeitung samt all ihren mikroelektronischen Anhängseln ist ja nichts anderes als das zu Materie geronnene Prinzip der Kontrolle und ist der Verwaltung einer Gesellschaft genauso dienlich wie der Steuerung einer Zentralheizung. Der Begriff der Information lenkt nur von der Tatsache ab, daß diese Information in der Regel zu irgendeiner Art von Kontrolle dient.

So ist denn auch der Schutz der Apparaturen gar nicht mehr denkbar ohne die Beihilfe der Mikroelektronik. Wo die Kontrolle auf das Funktionieren der Apparaturen gerichtet ist, beschränkt sie sich natürlich auf die Daten und Fakten, die das Funktionieren anzeigen; wo die Kontrolle aber nach außen gerichtet ist, etwa gegen unerwünschte Eingriffe, da kann jedes Datum und jedes Faktum von Belang sein, mithin: alles, was Menschen tun oder nicht tun. Eine lebenswerte Gesellschaft – so hat ganz folgerichtig der frühere Präsident des Bundeskriminalamtes einmal verlauten lassen – sei eine funktionierende Gesellschaft, und eine funktionierende Gesellschaft sei eine transparente Gesellschaft. Sie wäre zugleich eine Gesellschaft, deren Glieder unausgesetzt verletzt werden und beliebig verletzbar sind. Der zerstörerischen Wirkung des Schutzes, mit dem die Apparaturen sich umgeben, sind die Menschen hilflos preisgegeben, ihr Leben, ihre Person wird in Daten zerstückelt und bei Bedarf zum Zweck der Kontrolle wieder zusammengesetzt, und wenn es je einem Tyrannen einfallen sollte, die Macht der Information zu seinem Vorteil oder auch nur zum schieren Vergnügen zu mißbrauchen, so wird die Absetzung der sogenannten Datenschutzbeauftragten seine geringste Sorge sein. Das Werkzeug, die zerstückelten Daten und die kompatiblen elektronischen Kästen, liegt jedenfalls bereit, und wer an den vernichtenden Zwang, der darin beschlossen ist, noch nicht recht glauben mag, der hätte sich zu vergegenwärtigen, daß wir erst am Anfang stehen. Die Dateien sind im Aufbau begriffen, die Datenschützer noch mutig und rege, und die Erfinder haben mit dem Erfinden gerade erst begonnen.

Der Schutz der Apparaturen verselbständigt sich, gebiert neue Bedrohungen und nötigt die Betroffenen, sich ihrerseits zu schützen – und es wird dazu nicht reichen, daß sie sich aus dem

Schwenkbereich der Videokameras entfernen. Die Phantasie der Erfinder und die Datengier der Verwalter, auch die Eigengesetzlichkeit der grenzenlos aufnahmefähigen Maschinen wird binnen kurzem möglich machen, was jetzt noch Hirngespinst zu sein scheint. Alles, was man sich ausdenken könnte, ist immer nur ein Vorgeschmack von dem, was kommen wird.

Gerade ist in Holland, zum Beispiel, ein Apparat patentiert worden, dessen Herstellung und Anwendung keinerlei technische Hindernisse im Wege sind und der aufs genaueste eine Richtung markiert, aus der man noch viel erwarten darf:

Der Erfinder heißt Jan Rudolph Smedema und sein Apparat ist, natürlich, ein Kasten; er sieht aus wie ein Taschenrechner, zeigt aber keine Zahlen an, sondern läßt Pfeile aufleuchten – einen nach links, einen nach rechts und einen geradeaus, je nachdem. Das elektronische Gedächtnis kann Wegbeschreibungen speichern, und wenn an allen Kreuzungen und Gabelungen des Weges die passenden Signalsender eingebaut sind, dann zeigt der Apparat seinem Träger, ob er links, rechts oder geradeaus gehen muß. Da Neuerungen dieser Art stets mit dem Versprechen angeboten werden, sie könnten das Leben schöner und freier machen, so verheißt auch Jan Rudolph Smedema, sein Gerät sei dazu geschaffen, uns durch die Labyrinthe neuzeitlicher Verwaltungsbauten, Krankenhäuser, U-Bahn-Stationen und Satellitenstädte zu lotsen, rechtsum marsch –

– aber er hat auch schon berücksichtigt, daß sich damit noch ganz anderes bewerkstelligen läßt. Er hat nämlich für den Fall, daß man, mit Absicht oder aus Versehen, an irgendeiner Ecke den falschen Weg einschlägt, ein Signal eingeplant, das auf den Irrtum aufmerksam macht. Soll einer nicht vom vorgeschriebenen Weg abweichen, dann kann man ihm Smedemas Gerät mitgeben und jeder Fehlschritt macht sich sogleich bemerkbar, läßt sich wohl auch, dank der Kompatibilität der Apparate, an eine Zentrale melden und dort protokollarisch speichern.

Das Kleinod aus der Galerie der sublimen Schutz- und Kontrollvorrichtungen zeigt, wie diese Welt mit immer mehr Reglementierungen durchsetzt werden kann und durchsetzt werden muß, wenn sie fehlerfrei funktionieren soll. Zwänge und Gewalt in mehr oder weniger verdeckter Form, für ihre Bediensteten oft genug verknüpft mit dem Reiz der elektronischen Präzisionsspielerei, nehmen die Stelle jener alten Bedrohungen ein, die durch die technischen Errungenschaften gerade aufgehoben und beseitigt werden sollten. Die neue Drohung folgt der alten auf der Achillesferse, und es enthüllt sich abermals, daß dem Schutz in irgendeiner Weise stets ein zerstörerisches Element innewohnt, das die Schutzwirkung mindestens teilweise wieder aufhebt.

Der infernalische Lärm, der inzwischen längst auch von kleineren Straßen ausgeht, peinigt Tag und Nacht diejenigen, die an solchen Straßen wohnen und schlafen. Als sich nicht mehr länger verheimlichen ließ, daß der Verkehrslärm nichts anderes ist als eine gesetzlich geschützte Form der Körperverletzung, verfiel man auf den Gedanken, die Leute durch Wände vor dem Lärm zu schützen. Lärmzäune wurden errichtet, meist aus Plastikteilen zusammengesteckt, die billigste, provisorische Erste Hilfe, die gleichwohl von den zuständigen Behörden erst einmal erbeten werden muß. Wenn die Schallpegelmessung ergibt, daß das Unerträgliche wirklich unerträglich ist, dann wird der Zaun gebaut — und am Ende des Grundstücks ragt das garstige Ding empor und verkündet den Bewohnern der Häuser, daß dem, der Pech hat, nur die Wahl bleibt zwischen zwei fast gleich ungeheuerlichen Zumutungen: daß seine Ruhe durch Explosionsmotoren zerhackt oder daß sein Blick auf die Welt durch eine Plastikwand verstellt wird. Schutz als Zerstörung, nur ein bißchen subtiler: Häßlichkeit ist nicht hörbar, und die Augen kann man ja schließen, — vor einer notdürftigen Verhüllung, die auf ihre Weise das Prinzip des Verstauens technischer Machwerke in Kästen verwirklicht.

Freilich sind das Bagatellen. Sie machen die Grundlinien deutlich, sind Exempel für Verfahrensweisen, die schleichend in unser Alltagsleben eingedrungen sind und myzelartig weiterwuchern — aber ihren vorläufig letzten Höhepunkt erreichen sie auf anderen Feldern wissenschaftlich-technischer Betätigung.

Der Erzeugung neuer, nie zuvor in der Natur vorhanden gewesener Elemente durch atomare Prozesse entspricht genau die

Erzeugung neuer, nie zuvor gesehener Lebewesen durch genetische Manipulationen. Die Gen-Technik, die neue Ingenieurkunst der Biologie, steht erst ganz am Anfang eines Weges, der uns Gott weiß wohin führen wird – aber so viel läßt sich doch sagen: daß das grundsätzliche Ziel der Gen-Ingenieure darin besteht, jede beliebige Eigenschaft eines Lebewesens auf jedes beliebige andere Lebewesen übertragen zu können.

Man tut gut daran, sich dieses Endziel in seiner ganzen Simplizität zu vergegenwärtigen – denn die Anfänge werden mit vielen Umschreibungen inszeniert: Von den Schwierigkeiten ist en detail die Rede, als würden die Genetiker für die Entwicklung ihrer Fertigkeiten etwa so lange brauchen wie die Evolution für den Weg von der Ameise zur Kohlmeise gebraucht hat, und als werde man in undenklicher Zeit kaum über das erwünschte Stadium der Behandlung einiger Erbkrankheiten hinauskommen, nicht gerechnet ein paar nützliche (das heißt: fleißig irgend etwas produzierende) Bakterien, für deren ingenieurmäßige Veränderung man nicht mit Protesten der Bischofskonferenz oder der Tierschutzlobby rechnen muß. Bei den Pflanzen ist das noch weniger problematisch, und so werden uns ungeahnte Wohltaten verheißen, Kirschen so groß wie Tomaten, Tomaten so groß wie Kohlköpfe, Kohlköpfe so groß wie Kürbisse – vielleicht auch alles in umgekehrter Reihenfolge, wenn das verpackungstechnische Vorteile hat.

Was aber den Schutz angeht, so hat man sich hier, wie bei der Atom-Technik, einerseits vor unerwünschten Nebenwirkungen und andererseits vor dem Abfall zu schützen. Bei den Bakterien muß also alles sehr hygienisch zugehen, und es gibt detaillierte Vorschriften über Abdichtung, Lüftung und Entsorgung der Arbeitsplätze. Das Prinzip der Abschottung durch ineinandergeschachtelte Kästen waltet auch hier, nur die Abfallbeseitigung ist weitaus einfacher: Lebende Materie läßt sich im Gegensatz zu radioaktiver Materie unschädlich machen, sie läßt sich nämlich abtöten.

Zerstörung, Vernichtung also als äußerste Möglichkeit des Schutzes, das erscheint angesichts des niederen Standes der Bakterien einleuchtend und keineswegs unmoralisch.

Aber hier geht es schon jetzt nicht mehr – und erst recht in Zukunft nicht – nur um Bakterien und Pflanzen. Es geht um Mäuse und Menschen. Und wer in einer Zeit, in der manche Biologielehrer in der Oberstufe jahraus jahrein schon die Schüler mit bebrüteten Hühnereiern experimentieren lassen, bis hin zum Kükenstadium, – wer in einer solchen Zeit die Notschlachtung mißlungener Mäusekonstruktionen für vertretbar hält, mag doch erwägen, ob nicht wenigstens beim Menschen andere Maßstäbe anzulegen wären. Wie jedermann weiß, hat man ja das Verfahren der Reagenzglasbefruchtung inzwischen zur Serienreife entwickelt. Der Ausdruck »Retortenbaby« ist bei den Ausübenden verpönt, weil die Kinder derzeit noch auf hergebrachtem Wege ausgetragen werden; aber jedenfalls sind es zunächst einmal Eier im Glas, die durch heftiges Schütteln befruchtet werden; da aber immer nur *ein* Kind geordert ist, fallen jedesmal ein paar überzählige Eier an. Die Geistlichkeit, die sonst gern schon für dieses Stadium die Schutzbedürftigkeit der unsterblichen Seele reklamiert, hat sich bisher nicht dagegen ausgesprochen, daß mit den überzähligen Eiern weiter experimentiert wird, solange diese es sich gefallen lassen. Irgendwann entziehen sie sich weiteren Zumutungen durch den Tod oder sie werden mit einem Skalpellschnitt erlöst.

Das Ende ist jedenfalls immer die städtische Kanalisation, vielleicht auch eine Sondermülldeponie. Natürlich muß man sich irgendwie von den überflüssigen Eiern befreien, so wie man sich, beim weiteren Fortschreiten der Gen-Technologie, vom Abfall der Mißgeburten befreien muß, die man unvermeidlich erzeugen wird. Man kann ja all die Lebensformen, die den Gentechnikern danebengehen, nicht herumsitzen und Geld kosten lassen. Sobald man mit der Behandlung menschlicher Erbkrankheiten beginnt, wird es auch menschliche Ausschußware dieser Art geben. Da wird sein Heulen und Zähneklappern, wenn die Embryos einander in den Abwasserröhren begegnen; vielleicht beschließen sie eines Tages, gemeinsam einen Gullydeckel anzuheben und ihren Erzeuger, wenn er aus dem Labor nach Hause geht, ein wenig zu erschrecken. Aber auch dagegen wird man sich zu schützen wissen.

Daß dem Schutz vor den Folgen wissenschaftlich-technischen Fortschritts ein zerstörerisches Element innewohne, bewahrheitet sich hier auf eine gespenstische Weise: Hier werden Wesen ins Leben gerufen und bei Nichtgefallen erbarmungslos wieder entleibt, da man sie ja nicht umtauschen oder reparieren kann und da es ausreichend Nachschub gibt.

Das klingt dann weniger nach Wissenschaft als nach kriegerischen Handlungen und leitet demnach zwanglos über zum letzten Schaubild im Panorama neuzeitlicher Schutzmethoden – zur militärischen Rüstung, von der man nie genau sagen kann, ob sie sich parallel zum wissenschaftlichen Fortschritt oder dieser sich parallel zu den kriegerischen Bedürfnissen entwickelt hat. Nur soviel ist bekannt: daß heute fast die Hälfte aller Wissenschaftler dieser Welt für die Erforschung und Entwicklung militärischer Vernichtungsverfahren tätig ist.

Das lange Zeit liebevoll ausgepinselte Bild, wonach die Wissenschaftler, mit einem reinen Herzen, in dem nur die Neugier auf die Wunder der Natur wohnt, gegen ihre eigentlich menschenfreundlichen Absichten immer wieder der Kriegstechnik neue Anregungen vermitteln und schweren Herzens mitansehen müssen, wie ihre Erkenntnisse zur Tötung von Menschen mißbraucht werden, – dieses Bild ist nun so von Blut überkrustet, daß jeder Versuch der Restaurierung zwecklos bleiben muß. Unsere Angst vor den Generälen wäre geringer, wenn die Dienstfertigkeit der Wissenschaftler nicht so grenzenlos wäre.

Was aber nun den Schutz durch wissenschaftlich fundierte Rüstungstechnik vor dem gleichfalls gerüsteten Feind angeht, so provoziert sie bei diesem bekanntlich eine entsprechende Gegenrüstung, gegen die dann wieder ein Schutz gefunden werden muß – und so weiter. Es manifestiert sich darin die absurdeste Steigerung des Schutzprinzips. Jeder Schutz ist das vorweggenommene Spiegelbild der nächsten Neuerung, ein Ende nicht abzusehen.

Die Hoffnung, daß diese Spirale je an eine andere Grenze stoßen könnte als an die der Zahlungsfähigkeit, ist gering, groß hingegen die Wahrscheinlichkeit, daß der gigantische Pulverturm schon vorher von selber in die Luft fliegt, mit oder ohne die Beihilfe menschlicher Hysterie.

Nicht daran allein aber erweist sich die Paradoxie des Schutzes, der die Gefährdung nur immer weiter vergrößert. Grotesker noch ist das Bild jener Raketensilos, die sich schließlich, ein für allemal, selbst als gar nicht schützbar erweisen, ihre Funktion also im Ernstfall gar nicht erfüllen könnten. Den Gedanken, diese Raketen unausgesetzt auf schweren Waggons unterirdisch hin und her fahren zu lassen, hat man wieder aufgegeben, nachdem Experten ermittelt hatten, daß auch auf diese Weise die Apparate nicht zu schützen sind.

Es ist nichts weiter als die logische Konsequenz einer dem Ende zu gehenden Entwicklung, wenn sich zeigt, daß ein wirkungsvoller Schutz nur dadurch zu erlangen ist, daß man den Gegner vernichtet, bevor er einen Grund geliefert haben kann, aus dem man seine Vernichtung für geboten halten könnte.

Daß es sich bei alldem um eine Art von Delirium handelt, wird offenkundig, wenn man bedenkt, daß der Versuch, vor solchen Bedrohungen in Bunkern Schutz zu suchen, im Ernstfall kaum gelingen kann, ohne daß man zuvor diejenigen Freunde und Nachbarn erschlagen oder erschossen hat, die auch in den Bunker hineindrängen. Wieder folgt dem Schutz die Bedrohung unmittelbar nach, Schutz und Vernichtung gehen eine unlösbare Verbindung ein, die paradoxe Verwandtschaft von Schutz und Gewalt, Schutz und Vernichtung, bestätigt sich auf neue Weise: Der Schutz vor der Raketentechnik ist zuletzt nicht zu gewinnen, ohne daß man die Freunde umbringt, die vor der Bunkertür lauern wie dazumal die Wölfe vor der Haustür.

Die Schutzvorrichtungen spiegeln die Bedrohung, aber sie heben sie nicht auf, und an die Stelle der Zerstörung, die vermieden werden sollte, tritt irgendeine andere Form der Zerstörung als ultima ratio des gelungenen Schutzes. An die Stelle der Verletzung, der man entgehen wollte, tritt irgendeine andere Form der Verletzung.

Was nichts anderes heißt, als daß der Schutz, so wie er heute als eine Sache für sich betrieben wird, nur eine Notlösung ist, die zu allen anderen Nachteilen noch den hat, daß sie die Ursachen verhüllt und ihre Erforschung in den Hintergrund drängt. Das Prinzip reicht vom Straßenverkehr über die Schädlingsbekämpfung bis zur Verteidigungspolitik, von den einfachsten Verrichtungen des täglichen Lebens bis zu den äußersten Grenzen einer hochentwickelten Großtechnik – und eben bei dieser, wo alles auf die Spitze getrieben ist und nicht mehr beherrschbare Kräfte in Dienst genommen werden, wird denn auch vollends klar, daß die Eigentümlichkeiten des Schutz-Syndroms und die zerstörerischen Wirkungen des Schutzes nicht dem Prinzip selber zuzuschreiben sind, auch nicht der Fehlbarkeit der Menschen, die damit umgehen, sondern daß sie unlösbar mit den Apparaturen verbunden sind, die wir hervorgebracht haben. Das heißt: In der zerstörenden, kontraproduktiven, angsterzeugenden Wirkung des Schutzes, den wir allenthalben suchen müssen, offenbart sich die Unbrauchbarkeit eines Werkzeugs, von dem wir gehofft hatten, es werde uns von allen Bedrohungen befreien.

Technik ist nicht möglich ohne den Schutz vor ihr. Da aber der Schutz zerstörerisch ist, selbst wenn er funktioniert, so folgt, daß diese Technik selbst dann mittelbar zerstörend wirkt, wenn sie es unmittelbar nicht ist.

Die schöne alte, inzwischen allerdings durch exzessive Verwendung in gymnasialen Besinnungsaufsätzen etwas abgenutzte rhetorische Formel, wonach nicht die Technik selber böse sei, vielmehr nur der Mensch, der sie zum Bösen benutze, erweist sich als unfromme Täuschung.

Diese Technik hat, und zwar aus Gründen, die in ihr selbst liegen, unausweichlich die Zerstörung zur Folge. Der Schutz, den wir vor ihr suchen müssen, spiegelt und bekräftigt ihre direkten Bedrohungen, und zugleich bewirkt er ihre indirekten Verletzungen. Er erzeugt Ängste und Beklemmungen, während er Ängste und Beklemmungen zu beseitigen trachtet, er verursacht das langsame, aber merkliche Zunehmen einer Neurotisierung, die viele Einzelursachen, aber eine diesen gemeinsame Wurzel hat; und er verschlingt, je weiter die Technik fortschreitet, um so mehr Mittel.

Es ist ja inzwischen längst nicht mehr undenkbar, sondern

wird immer wahrscheinlicher, daß wir für irgendeine Schutzmaßnahme, etwa für die Beseitigung von Atommüll oder für die Rettung des Trinkwassers oder für irgendeine andere jetzt noch nicht ausdenkbare Verrichtung, alle Reichtümer, die wir angehäuft haben und alle Kräfte, die wir gespeichert haben, aufwenden müssen, um nur das nackte Leben zu retten – und auch dieser Schutz vor den letzten Folgen wird wieder mit irgendwelchen Formen der Zerstörung verbunden sein müssen.

Die frohe Botschaft, daß Wissenschaft und Technik uns aus dem Dilemma, in das sie uns geführt haben, auch wieder hinausführen würden (und daß niemand anders als sie dies vermöchte) klingt nicht nur hohl, sondern auch anmaßend angesichts einer Entwicklung, die mit jeder Nachbesserung auch immer einen noch größeren Irrtum, ein noch schlimmeres Versagen, eine neue Zerstörung gebracht hat. Statt den Sieg über Pestilenzen und Naturkräfte zu bejubeln, hätte man eher den Umstand zu bejammern, daß von Tag zu Tag immer mehr Menschen von den Folgen dieser Siege bedroht werden – allerdings auch von Tag zu Tag immer mehr davon durch einen sanften Hungertod erlöst werden.

Die laufende Buchführung über eine mit so unbeirrbarer Konsequenz fortschreitende Entwicklung läßt sich nicht mit dem Vorwurf der Technikfeindlichkeit abtun, sowenig wie man einen Bericht über einen Flugzeugabsturz als luftfahrtfeindlichen Akt bezeichnen kann. Die historische Beschreibung liefert, in aller Nüchternheit, eine Bildfolge zunehmender Verwüstung der Erde, restloser Ausbeutung aller Ressourcen, fortschreitender Bedrohung durch immer grauenvollere Vernichtungsmittel; die Notausgänge werden immer enger und die Gebühr, die für ihre Benutzung zu entrichten ist, steigt von Tag zu Tag, und im Gegenbild des Schutzes vergrößert sich der Schatten noch, in dem die Ängste gedeihen: Kein Horrorfilm vermöchte die Imagination eines Atomkrieges so faßbar zu vergegenwärtigen wie der Anblick eines Familienbunkers mit Mühlespiel, Wasserkanne und Drehkurbel für die Belüftung; kein Luftbild könnte die Trostlosigkeit der Landzerstörung durch einen immer noch weiter wuchernden Straßenbau so schmerzlich zu Bewußtsein bringen wie der Anblick der Plastikwände, die man zum Schutz der Anwohner davorschiebt; keine Statistik könnte die Unermeßlichkeit unserer Abfallprobleme so deutlich machen wie der Anblick der tonnenschweren, aus feinsten Sonderstählen gefertigten Transportbehälter für atomaren Müll und der Gedanke, daß Abertausende davon mitsamt ihrem vergleichsweise minimalen Inhalt für immer vergraben werden müssen. Und so weiter.

Vielleicht trifft es wirklich zu, daß wir unser Leben im Sinne einer zivilisatorischen Existenz nur noch durch eine immer weitere Fortentwicklung der Technik verlängern können. Aber dies wäre keine verlockende Aussicht, sondern eine Notlösung von nur aufschiebender Wirkung. Es ist nicht eine dumpfe Technikfeindlichkeit, sondern purer Wirklichkeitssinn, wenn man da nach einem Weg sucht, die Zukunft, wenn es eine gibt, anders zu bestehen als ausgerechnet nach den Anweisungen derer, die uns ein Dilemma nach dem anderen bescheren und in schwerhörigem Eigensinn immer noch eine Kompetenz beanspruchen, deren Fadenscheinigkeit sich längst an allen Ecken und Enden enthüllt hat.

Der Aufenthalt im Schwenkbereich des Baggers ist verboten, den Aufenthalt im Schwenkbereich der Videokameras kann man manchmal meiden – aber die Schwenkbereiche der kompatiblen Apparate überlappen sich inzwischen derart, daß ihnen selbst sowenig zu entkommen ist wie den darin enthaltenen Paradoxien eines Schutzes, der die Zerstörung besiegelt. Doch ließe sich wohl das andere Paradoxon denken: daß die Apparate einander in ihre Schwenkbereiche geraten und, indem jeder die ihm einprogrammierten Befehle erfüllt, einander paralysieren, auf irgendeine noch nicht ausdenkbare Weise zunichte machen.

Der Bagger erfaßt die Videokamera, die Raketen werden genetisch manipuliert, bis Konfetti daraus geworden ist, Isaac Asimov vergräbt alte Brennstäbe in Stonehenge, während die Generalstäbe der Wiederaufbereitung zugeführt werden und die Embryonen im Atombunker Mühle spielen: Nicht ausgeschlossen, daß die große Verwirrung der letzte Schutz vor der großen Verwüstung ist.

Handgemenge
auf einem dünnen Seil

Ein Zwischenruf zur Tierschutzfrage

Der Streit darüber, wie der Mensch mit den Tieren umgehen solle und dürfe, gleicht einem Handgemenge auf einem dünnen Seil: Dünn wie ein Seil ist der gemeinsame Grund, auf dem die Kontrahenten stehen; das Äußerste, worüber sie sich ungefähr verständigen können, ist die Feststellung, daß der Mensch das Recht habe, Tiere zu töten, daß es aber nicht ganz abwegig ist, über die Details und die Zwecke des Tötens zu diskutieren. In einer Kampfpause gelingt vielleicht sogar eine vage Übereinkunft darüber, daß den Tieren nicht mehr Leid und Schmerz zugefügt werden solle, als aus vernünftigem Grunde nötig ist.

So ähnlich steht es im Tierschutzgesetz, das den einen zu sentimental, den anderen eher zynisch vorkommt, das aber jedenfalls den Versuch unternimmt, Grenzen und Regeln für Nutzung und Verbrauch von Tieren zu formulieren. Der alte Tierschutz-Paragraph war obsolet geworden, weil man immer Schlimmeres mit immer mehr Tieren anstellte und weil das Publikum immer empfindlicher darauf reagierte.

Immerhin: *Daß* der Mensch Tiere töten darf, blieb, wenn man von winzigen Gruppen und einzelnen Sonderlingen absieht, unbestritten, obwohl die Wissenschaft immer genauer zu zeigen vermocht hatte, daß Mensch und Tier eng miteinander verwandt sind und die Unterschiede weit geringer, als man früher angenommen hatte.

Je detaillierter die enge Verwandtschaft belegt wurde, um so eher war man auch geneigt, dem Tier ein Empfinden zuzubilligen, auch wohl Todesfurcht, wenn es sein Leben bedroht sieht, – beides allerdings in einem von den Säugetieren absteigend immer geringer werdenden Maße. Aber selbst bei den Affen oder den Hunden, so heißt es, sei die Todesfurcht keineswegs identisch mit der menschlichen, denn das Tier habe vom Tode keinen Begriff, der dem unseren an tragischem Gewicht gleichkäme; ein Tierleben habe, anders als das eines bewußt lebenden, planenden und fürchtenden Menschen, kein Ziel, keine Erfüllung, keine Art von Sinn, die man zu berücksichtigen hätte. Demnach dürfe man Tiere töten.

Dagegen läßt sich manches einwenden. Zum Beispiel könnte man mit Gründen die Ansicht vertreten, daß der Existenz eines Kalbes das Ziel, zur Kuh zu werden, immanent ist, in einer Weise, die durchaus vergleichbar ist mit der Sinnerfüllung eines bewußten menschlichen Lebens. Und umgekehrt könnte man sagen, daß es menschliche Existenzen gibt, deren Möglichkeiten, Ziel und Sinn zu finden, noch weit geringer sind als die eines Kalbes. Wäre denn die Tötung von Geisteskranken mit dem Argument zu rechtfertigen, ihr Leben habe keinen Sinn und von ihrem Tode hätten sie keinen Begriff? Die Zerstörung eines Lebens, ja selbst die Zerstörung einer Sache, kann niemals damit gerechtfertigt werden, daß das Wesen oder die Sache nicht imstande ist, die Zerstörung wahrzunehmen oder zu begreifen; im besten Falle ist dieses Argument geeignet, ein etwa sich regendes Unbehagen zu besänftigen, wenn man aus *anderen* Gründen die Zerstörung vollziehen zu müssen glaubt.

Der ehrwürdigste, nämlich der allerälteste Rechtfertigungsgrund für die Tötung von Tieren besagt, daß wir Naturwesen wie die Tiere sind und deshalb, wie die Tiere, andere Naturwesen essen dürfen, um uns am Leben zu erhalten. Daß man Tiere schlachten, zerteilen, durch den Wolf drehen, sieden und braten darf, ist für nahezu alle Menschen selbstverständlich, und die Höhe einer Kultur wird unter anderem daran gemessen, mit wieviel Kunst und Feinsinn die Zubereitung erfolgt. Soweit die Tötung der Tiere nicht in Schlachthöfen vor sich geht, sondern als sportive Jagd in Wald und Flur begangen wird, haftet ihr auch noch ein Rest feudalen Glanzes an.

Zur Nutzung der Tiere als Nahrungsmittel kam aber schon seit langem, und zuletzt in rapide zunehmendem Maße, ihre Verwendung als Anschauungs- und Versuchsobjekt der Wissenschaft: Anatomen, Pathologen und Pharmazeuten bedienen sich der Tiere, um Aufbau und Funktionen des tierischen wie auch, vergleichsweise, des menschlichen Körpers zu studieren, Operationsmethoden auszuprobieren, Chemikalien und Medikamente zu testen, Impfstoffe zu gewinnen oder zu prüfen und schließlich den verwickelten und verborgenen Funktionsweisen des Nervensystems auf die Spur zu kommen, — dies alles, je nachdem, aus wissenschaftlicher Neugier oder mit dem unmittelbaren Ziel, die gewonnenen Erkenntnisse zum Wohle des Menschen anzuwenden.

Stets galt dabei als ganz unfraglich, daß die Interessen des Menschen den Vorrang vor den Bedürfnissen der Tiere haben, so wie ja auch in der Natur die Interessen der Katze ganz offensichtlich den Bedürfnissen der Maus übergeordnet sind. Die wissenschaftliche Zielsetzung und der humanitäre Nutzen erschienen als höhere Werte, denen das Tier-Opfer in säkularisierter Form wohl dargebracht werden durfte und mußte. Und wer, beispielsweise, die bevorstehende Ausrottung der Schimpansen beklagt, die zum Zwecke der Prüfung eines Impfstoffes gegen die Hepatitis eingefangen und in den Laboratorien verbraucht werden, dem legt man unweigerlich die Frage vor, ob er denn wirklich den Tod von Abertausenden Hepatitiskranker in Kauf nehmen wolle, nur um eine Tierart zu retten, deren Austilgung zwar bedauerlich, aber ökologisch doch wohl unbedenklich, also für den Menschen ungefährlich sei.

Gegenüber solchen Rückfragen haben die Tierschützer einen schweren Stand, obwohl sie für gewöhnlich gar nicht etwa die Nutzung von Tieren überhaupt ablehnen, sondern nur ihre Verwendung als Versuchsobjekte der Forschung und ihre quälerische Haltung in Legebatterien oder mechanisierten Zuchtbetrieben. Sie haben nichts gegen Eier, wenn nur die Hühner frei herumlaufen, und nichts gegen Rouladen, wenn nur die Rinder auf der grünen Wiese leben dürfen; ihre Proteste richten sich gegen die Schlachthöfe, wo ja der Bolzenschußapparat dafür sorgt, daß es – wie man so leichthin und ohne den gräßlichen Hintersinn zu bemerken sagt – »human« zugeht.

Die Proteste der Tierschützer richten sich vielmehr gegen die Laboratorien, in denen Mäuse, Ratten, Katzen, Hunde und Affen den entsetzlichsten Torturen unterworfen werden. Verbissen kämpft man dafür, daß möglichst alle Tierversuche abgeschafft und durch andere Arten von Tests ersetzt werden und daß, wo dies nicht oder noch nicht möglich ist, wenigstens Vorsorge getroffen wird, um die Summe der Schmerzen, die in diesen Instituten erlitten werden muß, so gering zu halten wie eben möglich, zu erleichtern und zu mindern durch Betäubung und durch sanfte Tötung nach vollbrachter Forschungstat.

Der Gesetzgeber schließlich, hin und her gerissen zwischen der plausiblen Forderung nach humanem Umgang mit den Tieren und der Verpflichtung, Handel und Wandel der Menschen zu schützen, sucht nach Kompromissen. Oft genug bestehen diese darin, daß den Forderungen der Tierschützer verbal Rechnung getragen wird, daß aber genügend Lücken bei der Bewertung und Kontrolle bleiben, um schließlich doch nahezu jedes Experiment, nahezu jede Nutzung der Tiere zu ermöglichen: Kaum einer der Paragraphen des Tierschutzgesetzes, der nicht insgeheim erlaubt, was er zu verbieten vorgibt, – wenn nur glaubhaft gemacht wird, daß es »unerläßlich« ist, und unerläßlich heißt hier nur: daß es dem Menschen irgendeinen erwünschten Nutzen bringt.

So unbefriedigend wie die Kompromißversuche des Gesetzgebers, so verdrießlich bleibt das ganze Handgemenge auf dem dünnen Seil. Allzu schnellfertig wird da ein Diktatfriede mit den Tieren geschlossen, werden die Aporien beschönigt und die Zwecke geheiligt in einer Art von Opportunismus, der nicht zuerst fragt, was der Mensch dürfen sollte und was nicht, sondern der zuerst das Erwünschte oder Rentierliche vorgibt und nachträglich die Rechtfertigung dafür zu beschaffen sucht, und der die Humaniät schon gesichert sieht, wenn das Hackebeil regelmäßig nachgeschliffen wird. Es macht wohl einen Unterschied, ob man von der Voraussetzung ausgeht, daß Tötung, Nutzung und Verbrauch von Tieren prinzipiell erlaubt sind und nur die äußersten Grenzen der Quälerei zu ermitteln wären, oder ob man umgekehrt den Verbrauch von Tieren für unzulässig hält und jede Ausnahme argwöhnisch daraufhin prüft, wie unumgänglich sie denn wirklich ist.

Wenn auf der nächsthöheren Stufe des Nachdenkens eine Art von Schuld dem getöteten Tier gegenüber eingeräumt wird, dann geschieht dies doch eher pro forma. Das heißt: Man konstatiert die Schuld, findet sie ziemlich tragisch, aber eben doch auch herkömmlich und vertraut, so daß man keine Scheu trägt, sie auf sich zu nehmen: Ein unausweichlich menschlicher Konflikt, den zu bekennen kaum Gram bereitet, so wie ja auch jene, die gegen das Abschlachten von Robbenbabys protestieren, sich bedenkenlos an einem Kalbsleberwurstbrot stärken und eher mit einem Augenzwinkern als mit Betroffenheit reagieren würden, wenn man sie darauf hinwiese, daß das Kalb, aus dessen Leber die Wurst gemacht ist, genauso seiner Mutter weggenommen worden ist, wie es mit den Robbenbabys geschieht, und daß es auf dem Weg zur Schlachtbank vielleicht noch viel ängstlicher empfunden hat, wie es seinem frühen Tod entgegengetrieben wurde.

Wie unausweichlich ist denn das Töten von Tieren wirklich, wie vernünftig sind die vom Gesetzgeber geforderten vernünftigen Gründe, die das Töten rechtfertigen?

In der Frage steckt schon eine Vorentscheidung, die es erst noch zu bedenken gälte: die Unterstellung nämlich, daß die menschliche Vernunft auf jeden Fall vernünftig sei, wenn die Vernunft sie nur dafür hält, und daß ein vom Menschen beigebrachter Vernunftgrund ohne weiteres hinreichend sei, um den Tod eines Tieres zu rechtfertigen, kurz: daß die menschliche Vernunft dem Lebensrecht des Tieres übergeordnet sei.

Nicht alle Zeiten, nicht alle Völker, nicht einmal alle Christenmenschen haben diese Meinung geteilt, woraus erhellt, daß es sich bei den vernünftigen Gründen nicht um eine ein für allemal festgefügte Norm, sondern nur um eine Meinung handeln kann – und zwar um eine opportunistische Meinung, die für vernünftig hält, was sie eben für vernünftig halten will. Wenn die deutschen Bischöfe in einer Verlautbarung zur Tierschutzfrage an die Stelle der vernünftigen Gründe »ernste Gründe« gesetzt haben, so taten sie das sicher mit Bedacht, aber geändert ist damit nichts. Wir werden ja, auch außerhalb des Fleischereiwesens und der Medizin, tagtäglich zu Zeugen dafür gemacht, daß es keine Form von Tötung und Verwüstung gibt, die um eine vernünftige und ernste Rechtfertigung verlegen wäre.

Schon der so vernünftig erscheinenden Begründung, der Mensch müsse, da er auf Nahrung angewiesen sei, auch Tiere essen, läßt sich ja mit mindestens genausoviel Vernunft die Ansicht entgegenstellen, daß der Mensch auf den Verzehr von Tierleichen verzichten kann. Kein Bewohner eines zivilisierten Landes kann heutzutage für sich in Anspruch nehmen, er sei genötigt, Fleisch zu essen. Wir wissen, daß der Mensch sehr gut ohne Fleisch existieren kann, wir wissen, daß zumindest die gegenwärtig übliche Durchschnittsmenge eher gesundheitliche Nachteile mit sich bringt, und wir wissen vor allem, daß die Futtermittel für unsere Schlachttiere aus Ländern kommen, in denen Menschen verhungern, weil sie genau jene Sojabohnen nicht zu essen bekommen, mit denen wir unser Vieh ernähren. Vernunft ist da, wenn man nur einmal um die nächste Ecke lugt, schon nicht mehr zu erkennen, wohl aber ein Beleg dafür, daß unser Fleischverzehr auf eine ziemlich direkte Weise zur großen Zerstörung beiträgt: Mit jeder Kuh, die wir schlachten, töten wir zugleich ein paar Kinder in Brasilien, und zur leicht-hin konzedierten, tragbar erscheinenden Schuld dem Schlacht-tier gegenüber tritt da noch eine schwere Schuld den Menschen gegenüber; tragbar kann sie nur dem erscheinen, der die gegen-wärtigen Strukturen der Weltwirtschaft für vernünftig und Brasilien für weit weg hält.

Die Argumente für das Töten von Schlachttieren sind oppor-tunistisch: Sie setzen nicht dem Lebensrecht der Tiere ein wirk-lich schwerer wiegendes Lebensrecht des Menschen entgegen, sondern orientieren sich an überkommenen Ernährungsge-wohnheiten und an der schlichten Lust auf Wurst und Braten. Es handelt sich nicht um ethische, sondern um diätetische Argu-mente, und wer sie vertritt, sollte sich zumindest des Umstandes bewußt bleiben, daß es nicht die schiere Vernunft ist, die sich da durchsetzt, sondern nur die Macht, die wir über die Tiere haben.

Gegenüber dem grundsätzlichen und vernünftigen Zweifel, ob man Tiere überhaupt essen muß oder essen sollte, gerät die andere Frage, wie »intensiv« man die Tiere halten darf, die man anschließend zu schlachten gedenkt, zur Nebensache. Es gehört aber zu den Verdrießlichkeiten der Tierschutzdebatte, daß man um solche Nebensachen sehr ausdauernd feilscht, während man die Grundfragen gern möglichst schnell abhakt: Es ist ja nicht ohne Peinlichkeit, wenn man zugeben muß, daß man, Humanität hin, Humanität her, die Tiere, denen man mehr oder weniger gerecht werden will, doch am allermeisten in gehacktem und gebratenem Zustand schätzt. Man räumt gerne ein, daß man sich da in einer gewissen Zwangslage befindet, hin und her gerissen zwischen den eigenen Bedürfnissen und den Interessen der Tiere, aber man vermeidet es möglichst, die Zwangslage und die Zwänge etwas genauer daraufhin zu untersuchen, wie zwingend sie denn sind.

Ganz ähnlich ist es bei den Tierversuchen. Die Wissenschaft versichert, sie werde auch in Zukunft niemals ohne Tierversuche auskommen, selbst dann nicht, wenn man für manche derzeit üblichen Tests alternative Methoden fände. Die Einübung extrem schwieriger Operationen, Studien und Vorversuche zu Organtransplantationen, die Erforschung von Herz- und Gefäßkrankheiten und das tiefere Eindringen in die Geheimnisse der Nervenfunktionen – all dies und noch manche andere Grundlagenforschung sei nicht möglich ohne Tierversuche, und allenfalls sei darüber zu reden, ob es angemessen ist, für die Verträglichkeitsprüfung von Kosmetika Tiere zu quälen und ob mit der Forderung nach ausreichender Begründung und strenger Kontrolle eine Verminderung von Schmerzen, Leid und Schäden für die Tiere erreichbar sei.

Die Gegenseite erwidert darauf, daß sich Tierversuche in zahlreichen Fällen als unnötig und unbrauchbar erwiesen hätten. Beim Contergan zum Beispiel (und bei einer ganzen Reihe anderer gefährlicher Medikamente auch) hätten die Tierversuche die Katastrophe nicht nur nicht verhindert, sondern den Pharmazeuten eine trügerische Sicherheit vorgegaukelt.

Freilich können auch die erbittertsten Gegner der Tierversuche nicht leugnen, daß die Medizin solchen Experimenten eine Fülle von anders gar nicht zu gewinnenden Erkenntnissen verdankt, und wenn das Contergan-Fiasko durch Tierversuche nicht vermieden worden ist, so wären doch ohne Tierversuche vielleicht noch weit mehr Fiaskos vorgefallen. Und ganz gewiß ist, daß eine große Zahl schwieriger Operationen und Transplantationen niemals gelehrt, geübt und vorgeprobt werden könnte, wenn man die Opferung von Tieren für diese Zwecke nicht zulassen wollte. Hier geht es also wirklich um Leben und Tod des Menschen – und dazu um die Freiheit wissenschaftlicher Forschung, gegen die es, im Verständnis der Wissenschaft, gar kein vernünftiges Argument geben kann.

Kompromisse aller Art bieten sich an, mit Ingrimm erörtert man die Details, und wenn erst die Ethik-Kommissonen installiert sind, wird dieses Feilschen groteske Formen annehmen, weil ja Kosmetikpräparate auf der einen und Krebsmedikamente auf der anderen Seite nur Extreme darstellen: Die eigentliche Schwierigkeiten der Entscheidung wird es geben, wenn man mit demokratischen Mehrheiten ermittelt, welches Gewicht das Lebensrecht von weißen Mäusen gegenüber einem Heilmittel für Magengeschwüre hat und ob die Implantation von Elektroden in das Gehirn einer Katze für diese eine seelische Belastung darstellt oder nur eine Belästigung.

Da bleiben die Kontrahenten auf dem dünnen Drahtseil ineinander verschlungen, als Monument eines Dilemmas, scheinbar rettungslos verstrickt in die Unausweichlichkeit von Schuld und in die Unvereinbarkeit menschlicher Interessen und tierischer Bedürfnisse, und unter dem Drahtseil ist ein Fangnetz aus Paragraphen aufgespannt, aber die Fäden des Netzes sind aus Gummi, und wer vom Seil fällt, prallt hart auf den Boden der Wirklichkeit, und diese Wirklichkeit heißt:

Es gibt, von der Notwehr abgesehen, keinen unbezweifelbar »vernünftigen« Grund, keine unanfechtbare Rechtfertigung dafür, daß man die Wünsche und Absichten, die Zwecke und

Interessen des Menschen über das Lebensrecht der Tiere stellt. Wer solche Gründe in Anspruch nimmt, tut es auf eigene Gefahr und kann sich nur auf *eine* Instanz berufen: auf seine Macht, das »Vernünftige« dem Schwächeren gegenüber nach eigenem Belieben zu definieren.

Selbst die medizinisch, also mit dem leiblichen Wohl des Menschen begründete Rechtfertigung bleibt ja opportunistisch: Sie vermeidet es, die vermeintliche Zwangslage genauer zu untersuchen, wobei zutage kommen müßte, daß sich hinter dem Begriff vom Wohl des Menschen die Vorstellung verbirgt, daß dieses Wohl nur auf eine ganz bestimmte Weise, nämlich mit Hilfe von Medikamenten, Transplantationen und anderen Reparaturmethoden, zu erlangen sei. Es gibt aber viele Gründe für den Verdacht, daß just dieser Weg der Medizin in eine Sackgasse führt oder schon geführt hat. Wenn man – um nur ein ganz zufälliges Beispiel zu geben – den neuesten Nachrichten aus Thailand entnehmen muß, daß die waggonweise dorthin exportierten Psychopharmaka bis in die letzten Dörfer vorgedrungen sind und, rezeptfrei verkauft, als ganz normale Alltagsdroge von jedermann gegen alles genommen werden, und daß sich in den Fabriken der Brauch verbreitet, den Arbeiterinnen schon bei Schichtbeginn eine Aufputschtablette auf die Zunge zu legen, – wenn man das liest, dann können einem schon Zweifel kommen, ob die Medizin, der wir Hekatomben von Versuchstieren opfern, denn unterm Strich für alle Menschen wirklich eine Wohltat darstellt und ob denn überhaupt der Sinn des Lebens darin bestehen kann, daß man mit allen nur verfügbaren und gerade noch (aber bald schon nicht mehr) bezahlbaren Mitteln das Leben zu verbessern und den Tod zu verhindern trachtet.

Zwischen den Zeilen, in denen uns die großen Siege der Medizin mitgeteilt werden, schimmert die blanke Verzweiflung darüber, daß wir überhaupt sterben müssen, und es ziehen die Schatten einer kleinmütigen Todesfurcht herauf, die das Leben erfüllt und die für den kleinsten Aufschub kein Opfer als zu groß ansieht, wenn es nur nicht von uns selber, sondern von den Tieren erbracht wird. Die Wahrheit ist aber, daß wir nicht glücklicher, sondern eher verzweifelter sind als unsere Väter und Großväter, die noch an einer Lungenentzündung zu sterben pflegten, und daß es niemals mehr Hunger, mehr Tod, mehr Leiden in dieser Welt gegeben hat als heute, da wir es mit Hilfe unserer Art von Medizin — und das heißt: mit Hilfe von Tier-Opfern — so wirkungsvoll zu bekämpfen glauben und uns sogar herausnehmen, allein für eine einzige Krankheit die Schimpansen auszurotten.

Wenn wir von der im Kampf erstarrten Gruppe auf dem dünnen Drahtseil ein paar Schritte zurücktreten, dann scheint es, daß das Handgemenge nur ein Vorgefecht ist, ein erstes Symptom für ein bevorstehendes, weit größeres Aufbegehren gegen eine Großmannssucht, die jedes Leiden in Kauf nimmt, um ihrem eigenen Fortkommen zu nützen, und die nicht wahrnimmt, daß jede Art von Zerstörung, die sie begeht, ihr selbst als eine andere Art der Zerstörung auch wieder auferlegt wird. Da wäre der Kampf gegen immer mehr Versuchstiere, gegen immer größere Schweinefabriken, gegen alles Elend der Tiere eben kein sentimentaler Kampf um Quantitäten des Schmerzes, den wir den Geschöpfen zufügen, sondern ein Aufstand gegen einen Umgang mit der Welt, bei dem die letzten noch verbliebenen Reste vor die Hunde zu geraten drohen.

Und in dem Widerstand gegen Benutzung und Verbrauch der Tiere käme eine Ahnung davon zum Ausdruck, daß alles, was wir tun, auf uns zurückwirkt, wobei es keinen Unterschied macht, ob wir es selber tun oder ob wir es tun lassen. Was immer wir mit fremdem Tod erkaufen, wirkt als Tod wieder auf uns zurück. Der Rückstoß des Bolzenschußapparates trifft uns immer, und wenn wir töten, um den Tod zu vertreiben, dann wird die Todesangst nur um so größer werden: Nie hat es mehr Todesangst gegeben als heute, da wir jeden Tag in der Zeitung von einem neuen Sieg über den Tod lesen können. Es kann nicht gelingen, das eigene Leben mit dem fremden Tod zu erkaufen, und schon die Zustimmung zu diesem Tauschgeschäft verändert uns zum Tode hin, – so wie es uns zum Leben hin verändert, wenn wir die Fliege vertreiben, statt sie zu töten. Das mag ein bißchen franziskanisch klingen. Hieße das denn, daß es falsch wäre?

97

Riesenmäuse im toten Wald

Der Zoo der Zukunft ist eröffnet. Der erste Käfig ist noch klein, aber wie überall, so ist auch hier der Anfang das Schwerste, alles Weitere wird sich schnell finden. Selbst der schwierige Anfang ist ja weit eher gemacht worden, als man es sich noch vor kurzem hätte träumen lassen. Die sechs Riesenmäuse, die den ersten Käfig des Zukunftszoos bewohnen, hatte man so bald noch nicht erwartet.

Die Riesenmäuse bezeugen nämlich das Gelingen eines Kunststücks, das bisher nur bei Mikroorganismen geglückt war und von dem man nicht recht wußte, ob und wann man damit auch bei höher organisierten Lebewesen, gar bei Säugetieren, Erfolg haben würde. Das Kunststück besteht darin, eine bestimmte Eigenschaft eines Organismus genetisch zu isolieren und auf einen anderen Organismus zu übertragen, was im Falle der Mäuse heißt: das Wachstums-Gen von Ratten in Mäuse zu verpflanzen und auf diese Weise Mäuse mit Riesenwuchs zu erzeugen.

Auf dem Weg zum Endzweck aller genetischen Bemühungen gibt es nun keine prinzipiellen Hindernisse mehr. Das heißt: Fortan wird man alle Lebewesen, den Menschen eingeschlossen, so betrachten können, als bestünden sie aus lauter kleinen Bauklötzen, die sich nach den Regeln der Zweckmäßigkeit und Rentierlichkeit austauschen lassen. Grundsätzlich wird es möglich sein, jede beliebige Eigenschaft eines Lebewesens genetisch zu isolieren und auf ein anderes Lebewesen zu übertragen. Es wird riesenwüchsige Schweine geben, insulinproduzierende Kühe, Getreidearten, die ihren Stickstoffdünger aus der Luft holen, vielleicht auch Grünkohl mit Mettwurstgeschmack oder Astronauten mit kurzen Beinen, weil diese besser in die Kapsel passen, – ein Vorschlag übrigens, der schon zwanzig Jahre alt ist und von dem berühmten amerikanischen Genetiker J.B.S. Hal-

98

dane stammt. Grenzen der Gentechnik wird es nicht geben, jedenfalls keine unüberwindlichen, und die Grenzen des guten Geschmacks sind allemal leicht überwindbar, – von den kümmerlichen Resten ethischer Bedenken gar nicht zu reden. Zwar war die Veröffentlichung über die Riesenmäuse in der englischen Wissenschaftszeitschrift »nature« mit der Anregung verziert, man möge nun das Nachdenken über die ethischen Grenzen solchen Umgangs mit Lebewesen in Gang setzen. Aber nach allen bisherigen Bekundungen der Genetiker darf man nicht erwarten, daß dabei mehr herauskommt als die unwirsche Versicherung, sie, die Genetiker, täten nur ihre wissenschaftliche Pflicht, bei der sie keinerlei Einmischung von außen dulden könnten, und was danach geschehe, liege nicht mehr in ihrer Verantwortung, sondern müsse vom Gesetzgeber geregelt werden; dieser wiederum läßt sich, wenn er überhaupt darüber nachdenkt, von den Genetikern beraten und achtet peinlich darauf, daß das hohe Gut der Forschungsfreiheit unangetastet bleibt.

Die Lehre aus dem Fall der Riesenmäuse ist eine zweifache: Erstens geht alles viel schneller, als man es erwartet, und selbst wenn BILD die Vermutung äußert, es könne demnächst vielleicht Vier-Meter-Menschen geben, so mag man nicht ohne weiteres ausschließen, daß Derartiges, zumindest versehentlich, vorfallen könnte. Und zweitens lehrt der Fall der Riesenmäuse, daß kaum mehr Hoffnung besteht, die Gen-Techniker könnten vor ihren eigenen Erfolgen erschrecken und sich rechtzeitig auf irgendeine Art der Zügelung ihres Erschaffungsdranges einigen; es wird also so weitergehen wie bisher, vielleicht sogar noch etwas schneller, wenn es die Forschungsetats erlauben, – und dem Publikum bleibt nur, sich artig für jeden Fortschritt zu bedanken, die kreative Stille der Laboratorien nicht durch Zwischenrufe zu stören und die keimfreie Luft nicht mit Zweifeln zu verunreinigen. Von den Risiken und Grenzen genetischer Bastelarbeit wird erst die Rede sein, wenn es zu spät ist –

– so wie beim deutschen Wald, um den man sich ernstlich erst jetzt zu sorgen beginnt, nachdem man befürchten muß, daß er zu einem beträchtlichen Teil bereits dem Untergang geweiht ist. Fast zugleich mit der Nachricht von den Riesenmäusen kam die Kunde, daß sein Sterben vielleicht doch nicht nur dem Schwefeldioxid, sondern auch dem aus Stickoxiden entstehenden Ozon zuzuschreiben ist. Wie es sich damit wirklich verhält, darüber werden die Experten noch lange ausdauernd streiten, und es wird ein gespenstischer Streit sein; denn jeder der Stoffe, um die es da geht, steht ja nur stellvertretend für hundert andere Gifte, mit denen wir uns und die Welt zugrunde richten; da kann die Diskussion um Schwefeldioxid oder Stickoxide leicht die Tatsache vergessen lassen, daß mit der Teillösung von Teilproblemen längst nichts mehr auszurichten ist, sondern daß es auf fundamentale Änderungen ankäme, deren Umfang wir uns jetzt noch kaum vorzustellen wagen. Beim Wald stehen wir am Ende einer Entwicklung und sehen endlich, was wir angerichtet haben. Bei den Riesenmäusen stehen wir erst am Anfang; Wohltaten werden uns verheißen, aber man braucht einen naiven Optimismus, um hoffen zu können, daß es uns da besser ergeht als mit dem Wald. Der Preis für die Wohltaten des Fortschritts ist immer etwas höher, als man in der ersten Euphorie erkennen kann, und die Nachzahlungen werden unerbittlich eingefordert.

Da mag es noch eine der harmlosesten Visionen sein, wenn wir Scharen unmäßig großer Mäuse sowie einige insulingebende Kühe hungrig durch tote Wälder streifen sehen; sie legen sich im sauren Regen zum Sterben, während in Straßburg die Forschungsfreiheit proklamiert wird und in München ein Kongreß stattfindet, auf dem man die Ursachen des Waldsterbens wenigstens nachträglich ermitteln will. Unter den Zuhörern sitzt ein Vier-Meter-Mensch; er ist Diplom-Forstwirt geworden und wird beneidet um seine Fähigkeit, Bäume auszureißen; nur eine passende Wohnung hat er noch nicht gefunden.

Neue Genesis,
Patent angemeldet

Wenn wir, bildlich sprechend, einmal annehmen, das Patentamt der Vereinigten Staaten von Amerika habe ein Herz und sei in der Lage, demselben einen Stoß zu geben, so können wir sagen, daß das Patentamt der Vereinigten Staaten seinem Herzen in den letzten sieben Jahren mehrmals einen Stoß gegeben hat.

Bis zum Jahre 1980 vertrat das Patentamt die einleuchtende Ansicht, ein Lebewesen sei etwas grundsätzlich anderes als zum Beispiel eine Umwälzpumpe, und deshalb sei ein Lebewesen, ganz gleich, ob ein gentechnischer Erfinder bei seiner Erzeugung die Hand im Spiel gehabt habe, nicht patentierfähig. Dem lag wohl die zutreffende Erkenntnis zugrunde, daß das Wichtigste beim Lebewesen das Leben ist und daß gerade dieses nie vom Erfinder stammt, sondern immer von Mutter Natur, die bekanntlich keine Lizenzgebühren erhebt, so daß auch der, der sich ihrer Erfindungen bedient, nichts zu beanspruchen hat.

Im Jahre 1980 aber gab das Patentamt seinem Herzen einen ersten Stoß und erteilte dem Mikrobiologen Chakrabarty ein Patent für ein von ihm neu hergestelltes, zuvor in der Natur nicht vorhanden gewesenes Bakterium, und das Patentamt fügte sogar hinzu, alles auf der Welt, was von Menschen gemacht sei *(anything under the sun that is made by man)*, sei grundsätzlich patentierbar.

Als wäre es über seinen eigenen Mut erschrocken, hielt sich das Patentamt in den folgenden Jahren freilich nicht an seinen neuen Grundsatz, patentierte weiterhin nur Mikroorganismen und weigerte sich strikt und standhaft, Patentbegehren für Pflanzen oder gar Tiere stattzugeben.

Erst 1985 gab das Patentamt seinem Herzen einen zweiten Stoß und ließ wenigstens Pflanzen zur Patentierung zu. Und wie das dann so geht, wenn die ersten Hemmungen überwunden sind: Schon zwei Jahre später schlug das Herz des Patentamtes rückhaltlos für die Gentechnik — im April 1987 entschied das Patentamt endgültig, daß keinem gentechnisch erzeugten Lebewesen, und sei es noch so groß, der Patentschutz verweigert werden dürfe.

Der Spruch hat weltweit Aufsehen erregt und heftigen Widerspruch gefunden, und Michael Fox, der Leiter einer Organisation von Gegnern der Gentechnologie, hat sogar gesagt, nun sei das Ende der Welt nahe. Gewiß ist, daß der Anfang einer neuen Welt patentamtlich beglaubigt worden ist, — aber andererseits hat das, was das Patentamt sagt, doch nur symbolische Bedeutung, oder, was hier auf dasselbe hinausläuft: einen handelsrechtlichen Zweck, indem es die Geningenieure vor der Nachahmung ihrer Produkte schützt und sie zum Erheben von Lizenzgebühren autorisiert.

Die genetisch erzeugten Lebewesen werden offiziell als Handelsware anerkannt, die Erschaffer als ihre eigentlichen Eigentümer, und Mutter Natur ist aus dem Spiel, sie leistet nur noch Handlangerdienste für die Schöpfer einer neuen Tier- und Pflanzenwelt — aber wenn das Patentamt bei seiner altmodischen Ansicht geblieben wäre, daß die Lebewesen niemandem »gehören« können, dann hätte das nicht den Eifer der Genetiker, sondern höchstens die Rendite ihrer Laboratorien mindern können. Die Fortsetzung der Evolution mit genetischen Mitteln ist längst im Gange, und die Entscheidung des Patentamtes hat nur die Tantiemenfrage geregelt.

Die Fortsetzung der Evolution mit genetischen Mitteln sei, so äußerte bei dieser Gelegenheit der Veterinärprofessor David Notter aus Virginia, nichts anderes als eine beschleunigte Form dessen, was ohnehin in der Natur vor sich gehe. Das ist eine glatte Unwahrheit. Vielmehr hat es die Gentechnik auch und gerade auf jene absurden Mischungen abgesehen, die die Natur durch genetische Barrieren strikt verhindert — etwa jene kürzlich zur Welt gekommene, traurig dreinblickende Schiege, die aus Schafs- und Ziegenelementen ziemlich unordentlich zusammengesetzt ist.

Gentechnik, auf ihren einfachsten Nenner gebracht, bedeutet nichts anderes, als daß alle Lebewesen als aus lauter Bauklötzen zusammengefügt aufgefaßt werden und daß man versucht, Klötze aus einem Lebewesen in ein anderes einzubauen; das Idealziel besteht darin, daß man jeden beliebigen Klotz in jedes beliebige Lebewesen einbauen kann – das ist etwas ganz anderes als die natürliche Evolution, es ist der Inbegriff beliebiger Verfügbarkeit.

Das Patentamt ist auf dem Weg dorthin nur ein wenig behilflich, indem es Handel und Wandel mit den künstlichen Naturwesen oder den natürlichen Kunstwesen ordnet, die da, vorderhand unter dem Vorwand der Gemeinnützigkeit, ins Leben gerufen werden.

Noch hat das Patentamt dem Menschen eine Sonderstellung eingeräumt, noch ist *er* nicht patentierbar. Aber mit angehaltenem Atem warten wir darauf, daß das Patentamt seinem Herzen einen letzten Stoß versetzen und eines Tages dekretieren wird, daß der Mensch im Prinzip nichts anderes ist als jedes andere höhere Lebewesen auch, und daß man es den Erzeugern von Leistungssportlern mit Schwimmhäuten zwischen den Fingern und Zehen oder von Zollbeamten mit dem Riechvermögen von Hunden nicht verwehren kann, ihre Kreationen patentrechtlich zu schützen. Wer das für eine lächerliche Traumvision hält, mag sich daran erinnern, daß manches von dem, was heute schon Routine ist, vor fünfzehn oder zwanzig Jahren als lächerliche Traumvision gegolten hat.

Der Blinde Fleck der Genetik

Unter der Mitteilung, daß eine Eigenschaft oder eine Verhaltensweise »genetisch programmiert« sei, kann sich heute jeder Zeitungsleser etwas vorstellen, und den Sechzehnjährigen werden schon in der Schule molekularbiologische und biochemische Details aus der Genetik eingetrichtert, von denen die Fachgelehrten vor zwanzig oder dreißig Jahren noch keine Ahnung hatten, weil sie gerade erst dabei waren, diese stofflichen Grundlagen des Lebens zu analysieren.

Die Sechzehnjährigen lernen auch, daß man den »Code des Lebens« entschlüsselt habe, daß dieser in den Genen aufbewahrt und festgeschrieben sei, und daß das ganze Werden und Sein der Lebewesen nichts anderes darstelle als ein kompliziertes System chemischer Vorgänge, nach einem ziemlich festen Programm ablaufend, kaum anders, nur noch weit verwickelter als das elektronisch gesteuerte Programm einer Waschmaschine. Und da uns – und erst recht den Sechzehnjährigen – der Hinweis auf Programmierung und Steuerung ohne weiteres einleuchtet, weil diese im täglichen Leben ersichtlich funktionieren, so haben wir uns auch ganz gut daran gewöhnt, das Leben selbst als eine kybernetische Veranstaltung zu sehen, mit den Genen als Software und den Organismen als Waschmaschinen mit Überlebensprogramm.

Freilich sind wir mit diesem Vergleich sehr schnell am Ende, – dann nämlich, wenn wir konstatieren müssen, daß die Steuerung der Waschvorgänge von einem elektronischen Zentrum aus erfolgt, während bei den Lebewesen das Informationspaket der steuernden Gene in millionen- oder billionenfach gleicher Ausführung in jeder einzelnen Zelle deponiert ist. Da gibt es keine Zentrale, sondern jede Zelle verfügt über die Gesamtheit aller Informationen, die nötig sind oder unter geeigneten Umständen fähig wären, aus sich heraus den ganzen Organismus neu erstehen zu lassen.

Tatsächlich macht man von diesem Umstand längst rentablen Gebrauch: Aus winzigen Gewebefetzen erzeugen die Gärtner ganze Pflanzen und haben dieses Verfahren der »Meristemvermehrung« so weit entwickelt, daß es sich kaum mehr von einer industriellen Massenfertigung unterscheidet.

Bei den etwas umständlicheren Vermehrungsweisen, derer sich die Natur bedient, sind es die Keimzellen, die das Informationspaket der Gene von einer Generation zur nächsten befördern. Im gleichen Augenblick, da die Befruchtung ein neues Lebewesen erzeugt hat, das sich durch fortgesetzte Teilung der ersten Zelle weiterentwickelt, beginnen die Gene in den neu entstehenden Zellen ihr Werk; sie bewirken das Wachstum des neuen Lebewesens und sie steuern alle seine Lebensvorgänge bis zu seinem letzten Atemzug und oft noch darüber hinaus.

Was in der Zelle – in jeder einzelnen Zelle des Organismus – geschieht, ist, auf die kürzeste Formel gebracht, dies:

Jede Zelle verwirklicht aus dem ihr verfügbaren Gesamtprogramm des Organismus (das sich aus einer unermeßlich großen Zahl von Einzelbefehlen zusammensetzt) in jedem Augenblick ihres Daseins stets nur diejenigen ausgewählten Kommandos, die genau dem Ort der Zelle innerhalb des Organismus sowie ihrer spezifischen Aufgabe an diesem Ort und zu diesem Zeitpunkt entsprechen. Sie vermag in jedem Moment aus der umfangreichen Befehlssammlung just die Anweisungen herauszugreifen, die für das Wachstum oder die Funktion des Gesamtorganismus gerade jetzt die richtigen sind.

Diese Anweisungen lauten stets darauf, daß auf komplizierten Umwegen (deren Stationen die Sechzehnjährigen wie das Einmaleins herunterschnurren können) jeweils bestimmte Eiweißstoffe erzeugt werden. Leben heißt, auf dieser Stufe betrachtet, daß jede Zelle in jedem Augenblick die richtigen Eiweißstoffe produziert, und die Produktion dieser Eiweißstoffe wird verursacht durch das rechtzeitige Ein- und Ausschalten der dafür zuständigen Gene.

Wir wissen also, daß jede Eigenschaft und jede Funktion des Organismus auf der in einzelnen Zellen und Zellgruppen stattfindenden punktuellen Erzeugung von Eiweißstoffen beruht und daß für jeden dieser Stoffe bestimmte Gene zuständig sind.

Wir wissen, daß jede Zelle im wachsenden Blatt einer Eiche je nach ihrer Lage exakt so viele Zellteilungen vollzieht, daß zu jedem Zeitpunkt die charakteristische Gestalt des Eichenblattes erhalten bleibt. Wir wissen, daß die Zellen am Rande einer Fingerwunde stets wieder Hautzellen bilden, mit denen die Wunde geschlossen wird — und nicht versehentlich Haare hervorbringen, wozu sie im Prinzip durchaus imstande sind.

Wir wissen aber *nicht*, auf welche Weise den einzelnen Zellen im Eichenblatt oder am Wundrand die Information zukommt, an welcher Stelle des Organismus sie sich eigentlich befinden. Nur aufgrund einer solchen Information, ergänzt durch eine Information über den gerade erreichten Zeitpunkt der Gesamtentwicklung, kann ja die Zelle das an diesem Ort zu diesem Zeitpunkt »Richtige« tun, können die richtigen Gene ein- und ausgeschaltet werden. Jede Zelle des Organismus verhält sich in jedem Augenblick so, als habe sie genaue Kenntnis von ihrem Ort in Raum und Zeit, sowie vom Raum- und Zeitplan des Gesamtorganismus, und sei imstande, aus der Verrechnung dieser Daten zu ermitteln, welchen Eiweißstoff sie jetzt zu produzieren, welche Gene also ein- und wieder auszuschalten habe.

Da löst sich das einleuchtende Bild von der programmierten Maschine in nichts auf, und an seiner Stelle erscheinen schwarze Löcher des Unwissens — Unwissen über das, was da wirklich geschieht und wie es geschehen kann. Die Schulbücher, die den Sechzehnjährigen die Kunde vom geknackten Lebenscode bringen, schweigen sich darüber wohlweislich aus, denn an diesem Punkt zeigt sich, wie wenig wir im Grunde von diesem Code und seiner Verwirklichung wissen. Immerhin haben die Genetiker Begriffe gebildet, die sich als eine Art Paravent vor die Wissenslücken schieben lassen:

Was die Entwicklung der Lebewesen, also etwa das Wachstum des Eichenblattes betrifft, so sprechen die Genetiker von »morphogenetischen Feldern« und deuten damit an, daß die Zellen in solche gestaltgebenden Kraftfelder hineinwachsen wie in eine Matrize, eine immaterielle Gußform. Sie sagen allerdings auch gleich dazu, daß man sich unter den morphogenetischen Feldern um alles in der Welt *keine* solchen immateriellen Gußformen vorstellen dürfe, weil so etwas in der Biologie nicht vorgesehen ist. Man darf sich also unter den morphogenetischen Feldern eigentlich rein gar nichts vorstellen als nur ein Wort, das die Unkenntnis umschreibt. Daß diese faßliche Umschreibung in den Biologiebüchern beharrlich verschwiegen wird, ist beklagenswert; denn oft fällt es dem Lernenden wie Schuppen von den Augen, wenn man ihm zum Bild des Wissens auch den Hintergrund des Nichtwissens liefert, von dem jenes sich dann um so klarer abhebt.

Was aber die Lebensfunktionen des Organismus betrifft, die – wie seine Entwicklung – genetisch programmiert, also vom rechtzeitigen An- und Abschalten der richtigen Gene abhängig sind und gleichfalls irgendeine Art der Information über den Ort der Zelle in Raum und Zeit voraussetzen, so haben die Genetiker festgestellt, daß für das Ein- und Ausschalten der Gene eine übergeordnete Gruppe von Genen, die Operatorgene, zuständig ist. Die naheliegende Frage, wie denn diese Operatorgene ihrerseits zur rechten Zeit aktiviert werden, beantworten die Genetiker mit dem Hinweis auf eine nächsthöhere hypothetische Gruppe von Genen, die Regulatorgene.

Damit aber ist das Problem nur weiter weg geschoben: Irgendwo muß ja diese Hierarchie der Gene ein Ende haben, irgendwo muß der Punkt sein, an dem das Gesamtprogramm des Organismus, die Koordinaten der einzelnen Zelle und die jeweiligen Randbedingungen zueinander in Beziehung gesetzt und daraus die passenden Befehle an die Gene errechnet werden. Was immer an Hormonen, Enzymen und im Organismus umhereilenden Botenstoffen und Signalen dabei sonst noch eine Rolle spielen mag (und was ja wiederum durch rechtzeitiges Ein- und Ausschalten anderer Gene bewirkt sein müßte!), löst nicht das Rätsel, wo denn die Instanz ihren Ort hat, die das Ganze steuert und die Koordination der Einzelheiten vollzieht, – oder, ersatzweise: wie denn *ohne* eine solche Instanz das Zusammenwirken der Teile überhaupt vonstatten gehen könnte.

Ein Beispiel mag die Frage verdeutlichen: Es gibt strandbewohnende Meeresschnecken, die sich bei Ebbe in ihr Haus zurückziehen und, um nicht auszutrocknen, die Mündung mit einem Deckel verschließen. Der Deckel ist ein Teil des Schneckenkörpers, dessen Haut hier durch Chitin- oder Kalkeinlagerungen verhärtet ist. Wer solche Schnecken einmal beobachtet hat, weiß, daß der Deckel die Mündung des Gehäuses paßgenau und absolut dicht abschließt. Nun wächst aber das Gehäuse im Laufe des Schneckenlebens spiralig weiter, wobei sich die Mündung entsprechend vergrößert. Der Deckel muß, wenn er immer passen soll, im genau gleichen Verhältnis mitwachsen – und er tut dies auch, in konzentrischen Wachstumsringen.

Das bedeutet: An zwei völlig verschiedenen, weit auseinanderliegenden Stellen des Schneckenkörpers vollzieht sich das Wachstum ganz unterschiedlicher Zellgruppen in einer so präzise abgestimmten Weise, daß der Deckel zu jedem Zeitpunkt des Wachstums haargenau in die Mündung des Gehäuses paßt. Jene Zellen, die durch Einlagerung von Chitin oder Kalk zu Deckelzellen werden, verhalten sich stets so, als »wüßten« sie genau, welche Form und welchen Durchmesser die Gehäusemündung gerade erreicht hat.

Man könnte, um diese Koordination zu erklären, annehmen, daß die Hautzellen darauf »programmiert« sind, beim Rückzug des Tieres in sein Gehäuse auf irgendeine Weise wahrzunehmen, daß sie die Gehäusemündung berühren und folglich die Umwandlung in Deckelzellen vollziehen müssen. Auch in diesem Falle aber ist ein koordiniertes Verhalten aller beteiligten Zellen nicht denkbar ohne die Annahme, daß diese Zellen auf irgendeine Weise »wissen«, daß sie sich in dem Bereich befinden, in dem die Berührung mit der Gehäusewand als Reaktion eine Verhornung, also die Einschaltung der dafür zuständigen Gene, gebietet.

Die Mechanismen und Automatismen des Lebens, die man so leichthin für »genetisch programmiert« erklärt und damit als blindes Funktionieren molekularer Prozesse abgetan zu haben glaubt, werden um so rätselhafter, je genauer man sie in ihren Zusammenhängen sieht. Die daraus fast von selber entspringende skeptische Vermutung, die Molekulargenetik sei möglicherweise gar nicht imstande, zu einem Verständnis der Leistungen der Zelle beizutragen, – diese Vermutung liest man freilich nicht im Biologiebuch, sondern in einem Bericht über einen Kongreß in Boston, bei dem ausgerechnet Francis Crick, einer der beiden Entdecker der Struktur der Desoxyribonuklein-säure, so deutlich auf die möglichen Grenzen eines Denkens hingewiesen hat, welches in den Genen die letzte Instanz aller Lebensvollzüge gefunden zu haben glaubt.

Träfe es zu, daß in den Genen allein das Vermögen der Gestaltbildung, die Steuerung von Zelldifferenzierung und Entwicklung, die Oberaufsicht über alle Lebensvorgänge läge, dann hieße dies, daß jede einzelne Zelle über den umfangreichen Empfangs- und Verrechnungsapparat verfügen müßte, der sie in den Stand setzt, nicht nur ihre eigene Position zu bestimmen, sondern darüber hinaus auf irgendwelchen Signalwegen unausgesetzt über alle Vorgänge und Zustände in den anderen Gegenden des Organismus informiert zu sein, wichtige Signale und Daten von den unwichtigen zu unterscheiden und aus den wichtigen die richtigen Schlüsse zu ziehen, die dann, in genetische Befehle übersetzt, zu genau den Aktivitäten führen, die dem Gesamtprogramm des Organismus entsprechen. Es gibt nicht den geringsten Anhaltspunkt dafür, daß in jeder Zelle ein so gigantischer Verrechnungsapparat vorhanden sein könnte, und nur unser grenzenloses Vertrauen in die unglaublichen Fähigkeiten kybernetischer Schaltungen läßt uns den Begriff der genetischen »Programmierung« plausibel erscheinen.

Es ist kein Mystizismus, sondern schierer Wirklichkeitssinn, wenn man, statt die Lösung des Lebensrätsels in der Kybernetik der Gene zu vermuten, es für möglich hält, daß am Vollzug des Lebens außer den Genen noch andere, uns derzeit unbekannte Kräfte oder Verhältnisse steuernd beteiligt sind. Das ist übrigens keine untergeordnete Frage, sondern es ist die Kernfrage, und solange wir die Antwort darauf nicht kennen, bleibt unser ganzes Wissen über die partikulären Gene vordergründig und vorläufig.

Für die Sechzehnjährigen bedeutet dies, daß ihre Schulbücher sie lehren, etwas für begreiflich zu halten, was sich menschlichem Begreifen durchaus noch entzieht: Die fundamentalsten Voraussetzungen für das Funktionieren des genetischen Mechanismus sind zugleich diejenigen, über die wir am wenigsten wissen, nämlich gar nichts.

Für die florierende Praxis gentechnischer Verrichtungen und Produktionen aber heißt dies, daß alles Hantieren an den Genen in einem gänzlich unbekannten Ausmaß gefährdet bleibt von einem fundamentalen Unwissen. Dies ungefähr hat der Genetiker Sidney Brenner gemeint, als er, auf jenem Kongreß in Boston, den Ausspruch tat: »Vielleicht sind wir nur genetische Klempner.«

Embryos zu Tagespreisen

Die Fortschritte der modernen Medizin haben es so an sich, daß man nie lange zu suchen – oder: nicht lange zu warten – braucht, um zu erkennen, daß die ethischen Probleme, die sie erzeugen, kaum weniger drückend sind als die Schmerzen, die sie abwenden. Der Schritt über die Grenzen dessen, was Jahrtausende lang als das dem Menschen Angemessene und Zugemessene galt, stiftet Verwirrung: Taugen die alten Maßstäbe nicht für das Neue, oder taugt das Neue nichts, weil es den alten Maßstäben nicht entspricht? Die Unsicherheit ist groß, der Streit oft heftig, und er nimmt groteske Formen an, wo man versucht, der Unerbittlichkeit des Grundsätzlichen ins Kasuistische zu entkommen, also: die Augen fest vor dem Zwang der Regel zu verschließen, nur die Ausnahmen zu sehen und notfalls auch noch eine Ausnahme von der Ausnahme zu erfinden, um nur nicht bekennen zu müssen, daß man die Regel längst für obsolet hält.

Die kurzlebige Empörung über die industrielle Verwertung toter Embryos war so ein Fall. Es war ruchbar geworden, daß in einigen europäischen Ländern die Embryos und Föten nach Schwangerschaftsabbrüchen gegen Geld an Fabriken für pharmazeutische und kosmetische Erzeugnisse geliefert würden und dort als Rohmaterial für Frischzellenpräparate und Medikamente Verwendung fänden. Niemand wußte Genaues, aber von ganzen Wagenladungen voller Föten war die Rede, und das Gesundheitsministerium erklärte verschreckt, es werde umgehend einen Gesetzentwurf einbringen, falls sich der Verdacht bewahrheite. Woraus dann übrigens nichts wurde.

Natürlich ist das eine bestürzende Vorstellung: der Embryo, der zerkleinert, getrocknet, pulverisiert oder sonstwie zu medizinischen Präparaten zubereitet wird. Grausig klingt das, in der Tat, aber wer sich da empören will, der hätte doch zuvor ein wenig nachzudenken.

Dabei müßte ihm als erstes einfallen, daß wir seit langem von Ärzten und anderen Hütern der Volksgesundheit nachdrücklich ermahnt werden, wir sollten uns schon im voraus damit einverstanden erklären, daß man uns nach unserem Ableben eine Niere, ein Herz, oder was sonst gerade gebraucht wird, entnimmt, um es einem anderen einzupflanzen. Die Sozialpflichtigkeit des Leichnams ist zwar noch nicht Gesetz, aber man spricht schon davon, daß eine Weigerung nah an den Straftatbestand der unterlassenen Hilfeleistung kommt. Die Austauschorgane sind so knapp, der Bedarf ist so groß und die Fähigkeit der Chirurgen, von solchen Ersatzteilen zweckmäßigen Gebrauch zu machen, nimmt so rapide zu, daß es auch mit der Freiheit, sich unbeschädigt und unzerschnitten beerdigen zu lassen, eines Tages vorbei sein könnte.

Die moralische Forderung, wir möchten uns zur Lieferung von Herzen oder Nieren bereit finden, beruht auf der Voraussetzung, daß ein vom Leben verlassener Körper nichts weiter sei als eine Sache, der man brauchbare Einzelteile nicht nur entnehmen dürfe, sondern, im Interesse der Lebenden, entnehmen müsse. Dem Anspruch nach Pietät und Takt glaubt man durch würdige Bestattung der demolierten Reste Genüge zu tun.

Es mag ja sein, daß dies richtig ist und von wahrer Humanität zeugt und daß die alte Vorstellung von der Totenruhe, die man nicht stören darf, überlebt ist. Warum aber sollte es sich dann bei Embryos und Föten anders verhalten? Sie sind nicht einmal ganz zum Leben erwacht, und wenn ein zwanzigjähriger Motorradfahrer zu Heilzwecken zerschnitten werden darf, dann sollte das Problem bei einem zwei Monate alten Embryo oder bei einem vier Monate alten Fötus eher geringer sein, jedenfalls kein Anlaß zu Horror-Rufen und amtlichen Untersuchungen.

Freilich: Die Kliniken, so heißt es, hätten für die Embryos Geld genommen. Aber die Kliniken, die die Entnahme von Organen praktizieren, geben ihre Nieren und Herzen ja auch nicht umsonst ab, sondern lassen sich ihre Unkosten erstatten, nur mit dem Unterschied, daß das Geld von den Krankenkassen kommt, während im Falle der Embryos die pharmazeutische

Industrie fürs Rohmaterial zahlt. Wenn man dies verwerflich findet, dann müßte man es auch verwerflich finden, daß der Münchner Internist Prof. Eberhard Buchborn erst kürzlich auf einem Kongreß gefordert hat, man solle die Ärzte, die sich um die Organentnahme bei ihren verstorbenen Patienten drücken, durch ein Sonderhonorar zu größerem Fleiß animieren.

Wenn man sich einmal entschieden hat, einen toten Körper für eine beliebig nutzbare Sache zu halten, dann ist für feinsinnige Unterscheidungen zwischen Embryos, Föten und anderen Leichen kein Raum mehr, noch weniger für die Frage, wer wem wofür wieviel Geld abnimmt und ob dies schön oder weniger schön ist. Die nächste Konsequenz, über die man sich entrüsten wird und die doch von allem Anfang an voraussehbar war, wird darin bestehen, daß den Krankenkassen das Geld für all die Transplantationen ausgeht und daß man seine neue Niere unter der Hand gegen bar erwerben muß, wenn man unbedingt eine haben will. Wer dies für Schwarzmalerei hält, irrt: In London kostet die Niere 80 000 Mark, und wer zahlungsfähig ist, braucht nicht länger als zwei Wochen darauf zu warten.

Genetik als Wahrsagekunst

Einerseits möchte man etwas über die Zukunft wissen, andererseits fürchtet man sich vor dem, was man erfahren könnte. Die Wahrsager finden nur deshalb Kundschaft, weil sie sich möglichst auf das Erfreuliche beschränken und beim Unerfreulichen tröstliche Hoffnungen gleich mitliefern – und notfalls helfen sich die Kunden damit, daß sie dem Wahrsager einfach nicht glauben.

Dieser Ausweg wird künftig Hunderttausenden von Menschen versperrt sein, wenn ihnen die wissenschaftlichen Wahrsager, deren Worten man trauen kann, ungefähr aufs Jahr genau ihr Ableben prognostizieren. »Chorea Huntington« heißt die Krankheit, an der jene Menschen sterben werden – eine Nervenkrankheit, die mit Gedächtnisverlust und Zuckungen beginnt und mit dem Tode endet, weil es noch kein Heilmittel gegen sie gibt.

Chorea Huntington ist eine genetisch bedingte, vererbliche Krankheit, und ihre Besonderheit besteht darin, daß sie meist erst im vierten Lebensjahrzehnt zum Ausbruch kommt, bis dahin aber so völlig verborgen bleibt, daß die davon Befallenen ahnungslos ein ganz normales Leben führen und reichlich Gelegenheit haben, das für diese Krankheit ursächliche Gen an Nachkommen weiterzugeben.

Vor kurzem haben nun die Genetiker eine Methode entwikkelt, mit der sich bald zweifelsfrei feststellen läßt, ob jemand über dieses Gen verfügt und folglich, je nach seinem inzwischen erreichten Alter, in fünf oder zehn oder dreißig Jahren die Symptome dieser Krankheit entwickeln und an ihr zugrunde gehen wird. Man wird auch Schwangere untersuchen können und ihnen sagen, ob ihre Kinder in vierzig Jahren an Chorea Huntington sterben werden oder nicht.

Natürlich kann man dann den werdenden Müttern kranker

Kinder den Abbruch der Schwangerschaft als Ausweg anbieten. Aber selbst die Anhänger eines wie auch immer zu begründenden Schwangerschaftsabbruches werden, mit Recht, zweifeln, ob es wohlgetan ist, ein Kind nur deshalb nicht zur Welt kommen zu lassen, weil man weiß, daß es mit vierzig sterben wird. Auch wäre zu bedenken, daß in vierzig Jahren vielleicht doch ein Heilmittel für Chorea Huntington zur Verfügung steht.

Viel problematischer ist eine andere Frage: Wenn man bei einem Ungeborenen das Gen für Chorea Huntington findet, dann heißt dies zugleich, daß auch die Mutter oder der Vater oder gar beide dieses Gen haben müssen. Wer von beiden es tatsächlich ist, läßt sich ermitteln, und die Wahrsagung, daß, je nachdem, der Vater oder die Mutter des Kindes mit vierzig sterben wird, – diese Wahrsagung läßt sich kaum durch die Hoffnung auf rechtzeitige Erfindung eines Heilmittels und erst recht nicht durch die Hoffnung auf einen Irrtum des Wahrsagers relativieren; sie ist eine grausame Gewißheit, und nicht einmal der Zeitpunkt des Ausbruchs ist ungewiß, sondern er läßt sich ziemlich genau kalendarisch festlegen, – eine gespenstische Vorstellung, mit der normal zu leben nicht jedermanns Sache sein kann, um es milde auszudrücken. Über 50 000 Menschen gibt es allein in England, die fürchten müßten, bei einer Untersuchung als Träger des Chorea-Huntington-Gens ermittelt zu werden.

Ob die wissenschaftliche Aufklärung über den zu erwartenden Zeitpunkt ihres Ablebens für sie – wie manche von ihnen auf Befragen angaben – leichter erträglich wäre als die jetzige Ungewißheit, das darf zumindest als zweifelhaft gelten.

Im übrigen aber bezeichnet der tragisch zugespitzte Sonderfall der Chorea Huntington nur einen Anfang. Die Methode, mit der das dafür verantwortliche Gen dingfest gemacht worden ist, verspricht noch viele künftige Erfolge – und »Erfolg« heißt dabei, daß man nicht nur für genetisch bedingte Krankheiten, sondern womöglich auch für Anfälligkeiten, Eigenschaften, Fähigkeiten oder Unfähigkeiten die zuständigen Gene identifizieren und ihre Träger entsprechend qualifizieren kann.

Solange der Mensch noch nicht ohne weiteres genetisch veränderbar ist, wird man wenigstens die zufällig gegebenen genetischen Verhältnisse möglichst genau und möglichst schon beim Ungeborenen auszuforschen suchen, und der Besitz oder Nichtbesitz eines Gens wird, amtsärztlich beglaubigt, zu den Qualitäten gehören, mit denen man sich, je nachdem, jemandem empfehlen oder sich bei jemandem unmöglich machen kann. Immer besser wird der Mensch in Zukunft über sich Bescheid wissen, und immer besser werden auch die anderen über ihn Bescheid wissen. Bei Chorea Huntington weiß man, wann einer seine Zuckungen bekommen und bald darauf sterben wird, und man wird sich gut überlegen, ob man ihn ins Beamtenverhältnis übernimmt oder wie hoch man die Lebensversicherungsprämie für ihn ansetzt, und man wird sich auch überlegen, ob man so etwas in den Paß einträgt.

Später wird man immer mehr wissen, und noch etwas später wird man vielleicht gar nicht mehr überlegen, ob man das, was man weiß, in den Paß eintragen soll: Man wird es einfach tun und den Paß »Gesundheitspaß« nennen.

Hat der Schwarze Kutscher recht?

Organtransplantation und die Folgen

Es ist lange her, aber ich erinnere mich noch sehr genau daran: Wenn in der Nachbarschaft jemand gestorben war, dann kam der Bestatter mit einem feierlich schwarzen Wagen, der von zwei gleichfalls schwarz geschmückten Pferden gezogen wurde; auf ihren Köpfen wippten Federbüsche. Der Sarg wurde aus dem Haus getragen, in den Wagen geschoben und zum Friedhof gebracht. Auf der Kutscherbank saß ein ernster Mann mit schwarzer Pelerine und Zylinder, und wenn der Wagen vorbeikam, dann hatte man sich leicht zu verneigen oder den Hut zu ziehen, falls man einen trug.

Wie ungerecht jemand im Leben behandelt worden sein mochte, wie sehr man ihn verachtet haben mochte, wie wenig sein Leben den Mitmenschen gegolten haben mochte — als Toter gewann er Würde, hatte Anspruch auf Ehrung und Schonung, man zog den Hut vor ihm. Damals erschien mir der Schwarze Kutscher mit Zylinder und Peitsche als Hüter des Anstandes, als strenger Gebieter im Reich des Todes, in dem der Leib, zumindest für eine kurze Spanne Zeit, eine neue Bedeutung erhält.

Lebte der Schwarze Kutscher noch, so könnte er heute in einer Aufklärungsbroschüre des »Arbeitskreises Organspende« das Folgende lesen: »Liegt kein Organspenderausweis vor, so werden die nächsten Angehörigen um ihre Zustimmung zur Organentnahme gebeten, wenn ein Organ des Verstorbenen zum Zwecke der Transplantation gebraucht wird. Der nächste Angehörige kann die Zustimmung schriftlich oder mündlich erteilen. Alles weitere wird durch die Organisationszentrale des Transplantationszentrums veranlaßt. Der Leichnam wird nach 1–2 Tagen in äußerlich unversehrtem Zustand zur Bestattung freigegeben.« – Wenn es da heißt, der Leichnam werde »freigegeben«, dann soll das natürlich nicht bedeuten, daß er zuvor gewissermaßen beschlagnahmt gewesen wäre, aber es ist doch ein leises sprachliches Signal dafür, daß zwischen Tod und Bestattung des Organspenders eine Frist liegt, in welcher es mit dem Leichnam sehr dinglich zugeht.

Den Schwarzen Kutscher wäre ein Grauen angekommen, hätte man ihm, vor fünfzig Jahren, von der Organisationszentrale des Transplantationszentrums und von der Wiederverwendung gebrauchter Organe erzählt. Er hätte das für den Gipfel der Unanständigkeit im Umgang mit Verblichenen gehalten.

Aber der Schwarze Kutscher ist schon lange tot.

Merkwürdigerweise hat der schlichte Begriff der Totenruhe, die man nicht stören darf, kaum je eine Rolle gespielt, wenn das Für und Wider der Organentnahme öffentlich erörtert wurde. Selbst jene, die sich durch die Verletzung dieses Prinzips auf eine unbestimmte Weise erschreckt und gekränkt fühlten, mögen es für sentimental oder einfach für unstatthaft gehalten haben, mit solchen Vorbehalten gutbürgerlicher Pietät das große Werk einer früher nicht für möglich gehaltenen Heilung der hoffungslos Kranken zu behindern. Wer heutzutage die Unantastbarkeit des Leibes im Tode verteidigt, muß jedenfalls mit dem Vorwurf rechnen, er untergrabe die Bereitschaft der Menschen zu einem letzten Liebesdienst.

Von den christlichen Kirchen, die ja am wenigsten in dem Verdacht stehen, die Leiblichkeit des Menschen als bloßes biologisches Phänomen geringzuschätzen, ist kein Beistand zu erwarten. Der »Arbeitskreis Organspende« informiert uns: »Die christlichen Glaubensgemeinschaften stehen übereinstimmend auf dem Standpunkt, daß es sich bei der Organspende um einen Akt der Nächstenliebe handelt ... (Sie) unterstützen dementsprechend die Bemühungen um die Förderung der Bereitschaft zur Organspende« – und sie haben sich nicht einmal dazu verstehen können, den Spenden*un*willigen wenigstens in einer Fußnote zu konzedieren, daß auch die Entscheidung *gegen* die Organspende ethisch vertretbar sei.

Die Pflicht zur Nächstenliebe »übersteige« den Tod – so hört man von dem katholischen Moraltheologen Franz Boeckle, aber die wolkige Maxime verschleiert doch eher die Kernfrage, ob nicht eben der Tote, auch wenn er tot ist, ein Nächster wäre, dessen Leib Schonung und Unversehrtheit genießen sollte, auch wenn sich dies im biologisch-medizinischen Sinne nicht begründen läßt.

Man öffne ja – so erläuterte der Moraltheologe – auch Leichen, wenn es um die Aufklärung eines Verbrechens ginge, also müsse es für die Rettung eines Lebens erst recht erlaubt sein.

Vielleicht würde der Schwarze Kutscher hier antworten, die eine Leichenöffnung unterscheide sich von der anderen dadurch, daß im einen Falle eine Frage der Gerechtigkeit beantwortet werde und die Sache damit abgeschlossen sei, während im anderen Falle zwar ein Leben gerettet, aber zugleich ein Abgrund von Fragen – auch solchen der Gerechtigkeit! – aufgerissen werde, in welchem sich menschliche Weisheit heillos verirren müsse. Schlimme Ahnungen von den Folgen hätten den Schwarzen Kutscher befallen – aber der Schwarze Kutscher ist lange tot.

Eine der denkbaren Folgen wäre, daß man einen Menschen seiner Organe beraubt, bevor er wirklich und wahrhaftig tot ist. Zumindest in den Kliniken der sogenannten zivilisierten Welt ist dieses Risiko freilich gering, denn hier gilt der Hirntod, also das absolute Erlöschen aller Hirnfunktionen, als unabdingbare Voraussetzung für eine Organentnahme, und für die Feststellung des Hirntodes sind nicht diejenigen Ärzte zuständig, die das Organ weiterverwenden wollen, sondern, so unabhängig wie möglich, zwei andere, für derartige Untersuchungen besonders qualifizierte Ärzte.

Da geht dann alles seinen geregelten Gang, – falls der Tote sich bei Lebzeiten zum »Organspender« erklärt hat oder seine Angehörigen ihre Einwilligung geben.

Natürlich ist es nicht ohne Peinlichkeit, wenn man den Ange-

119

hörigen die Todesnachricht überbringt und daran gleich die Frage knüpft, ob sie der Weiterverwertung des Leichnams zustimmten oder ob sie seine Organe ungenutzt ins Grab fahren lassen wollten. In dem Bestreben, den Angehörigen die Entscheidung zu ersparen und zugleich das Risiko der Verweigerung auszuschalten, hat man dem Gesetzgeber schon vorgeschlagen, eine sogenannte »Widerspruchslösung« Recht werden zu lassen. Das würde bedeuten, daß man die Zustimmung des Toten zur Organentnahme als gegeben annimmt, wenn sich in seiner Brieftasche nicht ein Dokument findet, aus dem zweifelsfrei hervorgeht, daß er die Entnahme ablehnt.

Da würde dann die Beweislast umgekehrt: Nicht mehr die Explanteure hätten nachzuweisen, daß sie die Leiche rechtens öffnen und ihr etwas entnehmen, sondern der Mensch hat, wenn er dies nicht wünscht, vor seinem Ableben dafür Sorge zu tragen, daß er seine Ablehnung beurkundet – wobei sich denken läßt, daß der Zettel mit diesem Wunsch im Ernstfall gar leicht abhanden kommen kann und daß es vom Eifer der Suchenden abhängt, ob sie ihn überhaupt finden.

Nicht die Totenruhe gälte dann als das Normale, sondern die Verfügbarkeit des Leichnams für gemeinnützige Zwecke; nicht die Unversehrbarkeit der sterblichen Hülle würde geschützt, sondern das Recht der Allgemeinheit, aus dieser sterblichen Hülle noch einen Nutzen zu ziehen.

Und dann wird entnommen, nach den Regeln der Kunst. Nüchtern beschreibt es die Aufklärungsbroschüre des »Arbeitskreises Organspende«:

»Nachdem der Hirntod des Spenders festgestellt und dokumentiert wurde, werden die weiteren für die Transplantation erforderlichen medizinischen Untersuchungen vorgenommen. Die ermittelten Werte, insbesondere Blutgruppe und Gewebetyp, werden einem Computer bei (der Transplantationszentrale) Eurotransplant in Leiden/Niederlande eingegeben, in dem auch sämtliche Werte der zur Transplantation angemeldeten Patienten gespeichert sind. Durch Vergleich der Daten wird der bestmögliche Empfänger für das Transplantat ermittelt. Ein Ärzteteam hat inzwischen das Spenderorgan operativ entnommen (explantiert) und es so vorbereitet, daß es zum Empfänger transportiert werden kann (per Auto oder Verkehrsflugzeug). Der Empfänger wird auf dem schnellsten Wege über das verfügbare Spenderorgan unterrichtet und auf die Transplantation vorbereitet.«

Der Schein, daß es sich stets um einen brandeiligen Akt der Hilfeleistung handelt, trügt freilich, und so muß der Vollständigkeit halber hinzugefügt werden, daß es möglich ist und mit zunehmender Perfektion der Medizintechnik immer besser möglich sein wird, einen Leichnam auszuweiden, ihm alle brauchbaren Organe zu entnehmen und diese dann bis zur allfälligen Verwendung aufzubewahren. Im englischen Medizinerjargon heißt diese Methode »to harvest« – »ernten« also. Ferner ist es, wenn die Angehörigen sich mit den Beerdigungsfeierlichkeiten noch etwas gedulden, auch möglich, Atmung und Kreislauf des hirntoten Spenders über längere Zeiträume aufrechtzuerhalten, ihn also biologisch weitervegetieren zu lassen, bis man seine Organe braucht.

Das zur Zeit am meisten verpflanzte Organ ist die Niere. Mit den zwei Nieren eines Spenders kann zwei Organempfängern geholfen werden, da jeder von ihnen nur eine neue Niere bekommt. 70 000 Nieren sind bisher in der ganzen Welt verpflanzt worden, 1274 im Jahre 1984 in der Bundesrepublik.

Es gibt hierzulande etwa 18 000 Nierenkranke, die nur weiterleben können, wenn sie sich regelmäßig einer Blutwäsche, der Dialyse, unterziehen. Bei über der Hälfte der Patienten erfolgt die Dialyse zu Hause, die anderen müssen dazu drei Mal in der Woche für fünf bis sechs Stunden eine Spezialklinik aufsuchen. Die Transplantation einer Niere, wenn sie gelingt, erspart diesen Menschen für die Zukunft eine mühselige und anstrengende Behandlung – und erspart natürlich den Krankenkassen die Kosten dieser Behandlung. Der »Arbeitskreis Organspende« macht die Rechnung auf: »Die Behandlung eines Dialysepatienten kostet in der Heimdialyse etwa 60 000 Mark pro Jahr, in der Klinikdialyse etwa 100 000 Mark pro Jahr. Eine einmalige Nierentransplantation kostet einschließlich der postoperativen stationären Behandlung etwa 50 000 Mark.«

Das heißt, daß schon im ersten Jahr nach der Operation die Gesamtkosten geringer sind als bei der Dialyse, und mit den weiteren Jahren des Funktionierens der neuen Niere summiert sich die Einsparung zu ganz erheblichen Beträgen: Wenn die für 50 000 Mark transplantierte Niere drei Jahre ihren Dienst tut, dann bedeutet das gegenüber der Heimdialyse eine Ersparnis von 130 000 Mark, im Vergleich zur Klinikdialyse gar von 250 000 Mark.

Freilich ist »Ersparnis« hier ein etwas irreführender Begriff, den es, wenn denn vom Geld die Rede sein soll und sein darf, zu relativieren gälte: Die Nierentransplantation ist eine kostspielige Operation, die an die Stelle einer noch kostspieligeren Dauerbehandlung tritt, und was übrigbleibt, ist immer noch ein außerordentlich hoher Betrag. Wenn man nicht wie das Milchmädchen rechnen, sondern eine realistische Vorstellung von den Kosten eines hochentwickelten Gesundheitswesens gewinnen will, dann hätte man den Blick nicht nur auf die eingesparten Millionen, sondern auch auf die immer noch übrigbleibenden zu richten. Da zeigt es sich dann, daß die 2000 Nierentransplantationen, die man, wenn genug Leichennieren zur Verfügung stünden, jährlich vornehmen will, soviel kosten, wie 15 000 Grundschullehrer während dieser Zeit an ihre Krankenversicherung zahlen, nämlich 100 Millionen Mark. Anders gesagt: 15 000 Grundschullehrer müssen ein ganzes Jahr gesund bleiben und dürfen die Kasse keinen Pfennig kosten, um 2000 Nierenkranken eine neue Niere zu erkaufen, mit der diese für ein oder zwei oder zehn Jahre der Dialyse entgehen können, so lange, wie das Transplantat eben funktioniert.

Sind das unmenschliche, ungehörige Zahlenspielereien? Oder ist es, umgekehrt, unmenschlich und ungehörig, daß man gleichsam mit geschlossenen Augen eine Therapie entwickelt, fördert und auf die äußerst mögliche Spitze treibt, *ohne* zu erwägen, ob sich der dafür getriebene Aufwand denn überhaupt durchhalten läßt und nicht vielmehr eines Tages zu einem finanziellen Kollaps führt? Der schicksalhafte Tod von Menschen, deren Niere ihren Dienst aufkündigt, erscheint doch um vieles humaner als die irgendwann fällige Mitteilung der Ärzte und Krankenkassen, man habe vortreffliche Therapien für solche Fälle entwickelt, doch leider sei man nun mit dem Geld am Ende. Da liegt der Gedanke nahe, daß es vielleicht geboten gewesen wäre, von vornherein die drohenden Größenordnungen abzuschätzen und die verfügbaren Mittel eher auf die Verhinderung von Krankheiten als auf ihre schließlich doch unbezahlbar werdende Heilung zu verwenden. So unrealistisch wie das klingt, ist es nicht, wenn man zum Beispiel bedenkt, daß mindestens 20 Prozent aller Nierenkranken ihr Leiden dem Mißbrauch von Schmerzmitteln und dem Gebrauch von phenacetinhaltigen Asthmamitteln verdanken. Hier und anderswo hätte sich wohl mit wenig Geld sehr vieles verhindern lassen.

Ginge es nur um die Nieren, dann ließen sich die mit der Transplantations-Therapie verbundenen Aufwendungen noch leicht als selbstverständliche Nächstenpflicht rechtfertigen. Aber die Ziele der Organtransplantation sind weiter gesteckt, ja, genau genommen gibt es gar keine endgültigen Ziele, kein Ende der Verpflanzungen, sondern ein schier unendliches Programm des Austauschs defekter Organe.

Leber, Herz und Bauchspeicheldrüse sind die drei anderen Organe, deren Verpflanzung derzeit möglich ist und, wie der »Arbeitskreis Organspende« mitteilt, »mit steigender Tendenz« vorgenommen wird. Für Lunge, Milz und Dünndarm hofft man in den nächsten Jahren auf eine günstige Entwicklung.

Freilich sind bei all diesen Organen die immunbiologischen Probleme weit größer als bei der Niere, die Abstoßungsreaktionen noch nicht so gut beherrschbar, doch hat man allen Grund anzunehmen, daß die Transplantationschirurgie diese Schwierigkeiten immer besser meistern wird.

Eine Herzverpflanzung kostet um die 100 000 Mark. Im Jahre 1984 wurden in der Bundesrepublik 42 Herzverpflanzungen ausgeführt. Daß die Tendenz steigend sei, ist eine milde Umschreibung der Tatsache, daß man alles tut, um Herzzentren zu gründen, Mittel dafür zu beschaffen und die Bereitschaft zur Organspende zu fördern, damit in diesen Zentren dereinst jene 600 Transplantationen im Jahr durchgeführt werden können, die nach Ansicht des »Arbeitskreises Organspende«

medizinisch notwendig und erfolgversprechend wären. Das macht 60 Millionen Mark im Jahr, nicht gerechnet die weitere Versorgung dieser Patienten, von denen viele den Rest ihres so geretteten Lebens in der Klinik verbringen müßten.

Es ist nicht absehbar, ob die stetig wachsenden Fähigkeiten der Operateure mit ihren bewunderungswürdigen Apparaturen irgendwann an eine Grenze geraten, jenseits derer es nichts mehr zu operieren gibt. Wenn der amerikanische Neurochirurg White Schimpansenköpfe verpflanzt und glaubhaft versichert hat, er werde das, falls möglich und erwünscht, auch mit Menschenköpfen unternehmen, dann mag man darin eine gruselige Utopie sehen. Die Erfahrung lehrt uns aber, daß man, wenn eine Utopie erst einmal an die Wand gemalt worden ist, weder Kosten noch Mühe scheut, sie auch zu verwirklichen, und wir können keineswegs sicher sein, daß die Kopfverpflanzung Utopie bleiben wird.

Nur soviel ist sicher: daß schon weit eher die Fähigkeit und die Bereitschaft der Menschen enden wird, einen immer weiter steigenden Anteil ihres Einkommens dafür auszugeben, daß die Medizin Wunder vollbringt.

Es sind ja Wunder, und für jedes einzelne davon wird man bereitwillig opfern, spenden oder eine weitere Erhöhung der Abgaben hinnehmen. Wenn aber die Wunder alltäglich werden, wenn ihre immerwährende Vervielfachung angestrebt wird und wenn dies Ausgaben erfordert, die mit manchen alltäglichen Ausgaben verglichen werden, etwa mit denen für Tabak oder Spielzeug oder Feuerwerkskörper oder Alkohol, dann wird man eine Zeitlang hin und her rechnen, man wird die Entbehrlichkeit von Feuerwerkskörpern und die Schädlichkeit von Alkohol und Tabak erwägen, – aber irgendwann wird man sich doch unwillig fragen, ob es denn wirklich der Sinn der Solidargemeinschaft der Krankenversicherten sein kann, jede nur erdenkliche Therapie zu finanzieren.

Der Austausch defekter Organe würde, wenn man ihn als Routine betreibt, schließlich eine Gesellschaft fordern, die sich zu weitgehender Askese bereitfindet, um so den Nierenkranken, den Leberkranken, den Herzkranken, den Lungenkranken und überhaupt all denen, die durch die Einpflanzung eines gebrauchten Organs gerettet werden könnten, zwei oder fünf oder zwölf Jahre Leben hinzuzukaufen.

Der Düsseldorfer Chirurg Prof. Karl Kremer, Chef der Chirurgischen Universitätsklinik, nannte einmal in einem Vortrag über medizinische Ethik einen der Gründe, weshalb an seiner Klinik bisher keine Herztransplantationen ausgeführt worden seien. Bei einer solchen Operation, so sagte Kremer, müsse der Arzt sich fragen, ob der große »Einsatz von Personal, Material und Geld zu verantworten sei, wenn dem Prestige zuliebe, auch einmal ein Herz verpflanzt zu haben, mehrere auf der Warteliste stehende Patienten nicht operiert werden können, obgleich ihre Aussichten bei geringem Einsatz besser sind.«

Das heißt: Schon heute, bei scheinbar noch hinreichend gefüllten Kassen, kann bei einer medizinischen Verrichtung wie der Organtransplantation der spektakuläre und vorzeigbare Erfolg mit einem Versäumnis an anderer Stelle erkauft sein. Und der Begriff »Prestige« weist in eine Grauzone ärztlichen Wirkens, über die man nicht einmal Mutmaßungen anstellen kann, weil die Verflechtungen von heilender Tat und fachlicher Karriere, von ärztlicher Hilfe und medizinischem Forschergeist immer undurchsichtig bleiben müssen.

Was aber das Geld angeht, das für diese Hochleistungsmedizin bezahlt werden muß, so wird es eines Tages nicht mehr reichen. Wer demnach die Verpflanzung von Organen propagiert und die Spendebereitschaft der Bevölkerung nach Kräften zu erhöhen trachtet, wer die Sozialpflichtigkeit des Leichnams zum Gesetz erheben will, damit alle Transplantationswünsche erfüllt werden können, wer die Fortschritte der Medizin preist und das Verpflanzungsprogramm um alle nur irgendwie verwendbaren Organe aller dafür brauchbaren Toten des Landes erweitert sehen möchte, der hätte jetzt schon, und nicht erst, wenn es auf den Nägeln brennt, auch vorzuschlagen, wie dies finanziert werden soll, welche Verzichte nötig sein werden oder wie sonst die Transplantationsflut zu bewältigen wäre.

Erste Andeutungen darüber sind immerhin zu vernehmen. Schon vor Jahren schrieb der Kölner Nierenspezialist Prof. Eckhard Renner (Der Internist, Sept. 1983, S. 521): »Eine ... Beschränkung durch Patientenausschluß erscheint uns (noch?) absolut unakzeptabel. ... Einer solchen Restriktion aus Kostengründen müßten zumindestens ganz grundsätzliche Diskussionen darüber vorausgehen, ob der Verzicht auf medizinisch sinnvoll Mögliches nicht dann auch durch entsprechende Selbstbeteiligung bei beeinflußbaren Zuständen auszugleichen wäre, wie z. B. Erkrankungen als Folge unvernünftiger Lebensweise, z. B. übermäßiges Essen, Trinken oder Rauchen, die ja bekanntlich einen großen Teil der Gesundheitsaufwendungen verursachen.«

Selbstbeteiligung bei beeinflußbaren Zuständen ... Die Raucher, freilich, sind leicht an ihren Qualmwolken zu erkennen. Aber wie stellt man fest, ob jemand zuviel ißt oder trinkt, und wo beginnt da das »Unvernünftige«? Wird man die Vegetarier zur Selbstbeteiligung zwingen, weil man konsequenten Vegetarismus für die Ursache von Mangelkrankheiten hält? Oder gibt es einen Rabatt für jene, die nachweisen können, daß sie zum Frühstück Müsli essen? Die Liste der »beeinflußbaren Zustände« ist lang, die Liste der kleinen und großen Sünden, durch welche solche Zustände herbeigeführt werden, ist noch länger. Da gäbe es ein Dickicht von vermeintlichen und wirklichen Kausalitäten, von veränderlichen Lehrmeinungen und Schuldzuweisungen, und es wäre kein Ende der Ausforschung und der Datenerhebung, woran Hausarzt und Hausmeister viel Zeit wenden müßten, und ganze Doktorarbeiten könnte man und würde man über Fragen schreiben wie die, ob ein abrupt sterbender Raucher nicht billiger ist als ein an sich gesunder, aber häufig lädierter Skifahrer, der lange lebt und dann auch noch Massagen braucht und ganz besonders teuer wird, wenn er sein Leben nicht durch Rauchen abkürzt.

Wer die Selbstbeteiligung bei »beeinflußbaren Zuständen« fordert, kommt entweder bei schreiender Ungerechtigkeit aus, während es ihm doch gerade um Gerechtigkeit ging, oder er erstickt im Wust der zweifelhaften Daten über die privaten Sünden jedes einzelnen Patienten.

Aber selbst wenn man so bizarre Methoden der Verrechnung

126

wirklich anwenden würde, entkäme man doch nicht dem Zwang, auch bei den Transplantationen selber zu sparen, indem man Leben gewährt und zum Tode verurteilt. In England wird schon heute die lebensrettende Dialyse nur denen zugestanden, die jünger sind als 55, und in Amerika befaßt man sich sehr eingehend mit der Frage, auf welche Weise sich die allzu hohe Zahl derer, die eine Herzeinpflanzung wünschen, verringern ließe.

»Selektion« also, wie es sie auch in den Anfangszeiten der künstlichen Niere schon gegeben hat. Da treten sogenannte Ethik-Kommissionen zusammen, sortieren die Patienten nach allerlei Kriterien, machen Kreuze und Striche und versuchen damit dem Arzt die schauerliche Aufgabe der Auswahl zu erleichtern.

»Zutiefst unärztlich« sei es, so schreibt der Chirurg H. D. Jakubowski vom Universitätsklinikum Essen in einem Aufsatz über die Probleme der Nierentransplantation (Der Internist, Sept. 1983, S. 508), »einem Patienten eine erfolgversprechende Behandlung aus anderen als rein medizinischen Gründen vorzuenthalten.« Es ist aber gerade das Fatale bei den Erfolgschancen, daß sie sich gar nicht »rein medizinisch« abschätzen lassen, daß sie vielmehr wesentlich mitbestimmt werden von der Motivation des Patienten und seiner Angehörigen, auch von der bewußten und verständigen Mitwirkung aller Beteiligten, von der Ordnung der häuslichen Verhältnisse – mittelbar also vom Bildungsstand und von der sozialen Stellung des Patienten. Rein medizinische Gerechtigkeit ist da nicht zu haben.

Umgekehrt: Würde man den Begriff der Gerechtigkeit weiter fassen, so hätte man zum Beispiel, wie das auch schon vorgeschlagen worden ist, Verdienste um Kultur und Wissenschaft mit zu berücksichtigen – und würde dann sehr schnell bei einer ganz absonderlichen Art der Privilegierung von Dirigenten und Astronauten auskommen. Ganz sicher hätte man auch zu berücksichtigen, ob jemand Kinder hat oder »nur« ein Junggeselle ist, dem man den Abschied aus dem Leben eher zumuten kann. Kurzum, es wäre ein Dilemma und bliebe es auch, was immer man für Kriterien heranzieht. Noch einmal Eckhard Renner, der Kölner Chirurg:

»Der bewußte Verzicht aus Kostengründen auf medizinisch und technisch sinnvoll Mögliches im Einzelfall ... bringt für die Betroffenen und Handelnden die inhumane Notwendigkeit von Selektion und Entscheidung für und über Andere in vitalen Bereichen.«

Eine inhumane Notwendigkeit nennt es der Arzt. Nicht nur die Selektion an sich ist inhuman, mehr noch der Umstand, daß die »Notwendigkeit« nur ganz abstrakt und allgemein gilt, während jeder konkrete Einzelfall »eigentlich« geheilt werden könnte. Irgendwo muß der Schlußstrich gezogen werden, und eben dieses Irgendwo macht die Inhumanität aus. Zum ersten Mal in dieser Schärfe führt die menschliche Fähigkeit zur Heilung an einen Endpunkt, jenseits dessen nicht mehr geheilt werden kann, – aber nicht, weil es wirklich unmöglich wäre, sondern nur deshalb, weil der Etat es nicht erlaubt. Der humane Ausweg, daß man die verfügbaren Mittel gleichmäßig auf alle verteilt, ist hier nicht gangbar, nicht mehr gangbar, seit man sich entschlossen hat, die Verwertung von Leichenteilen ins therapeutische Repertoire aufzunehmen.

Man könnte in dieser Inhumanität ein Exempel der Unvollkommenheit und Begrenztheit menschlichen Strebens sehen. Doch könnte man wohl auch fragen, ob es denn, wenn das medizinisch Mögliche schon zu Anfang und nun wieder am Ende zu etwas führt, was der Arzt selber als »inhuman« ansehen muß, überhaupt gerechtfertigt war, es ins Werk zu setzen.

Der Schwarze Kutscher jedenfalls würde uns diese Frage stellen, und schon an seinem betrübten Blick wäre abzulesen, daß er die Inhumanität nicht für eine unvermeidliche Tragik im Handeln des unvollkommenen Menschen halten würde, sondern für genau den Schlamassel, in den man gerät, wenn man anfängt, den Leichen die Organe zu entnehmen.

Fortzeugend gebiert solches Ungemach das nächste:

So wie unsere Welt derzeit eingerichtet ist, kann es gar keinen Zweifel geben, daß viele, die ein neues Organ haben möchten und die gewohnt sind, für Geld alles zu bekommen, was sie brauchen, bereit und imstande wären, die Kosten für eine neue Niere oder neue Leber vom Privatkonto abbuchen zu lassen, falls sie bei der Selektion durchgefallen sind. Daß mittels einer Selektion bestimmt wird, wer seine Niere oder Leber von der Krankenkasse bezahlt bekommt, ist ja schon schlimm genug; ganz unerträglich aber wäre es, wenn man dem Richterspruch des Arztes, der sich an den verfügbaren Mitteln der Krankenkasse orientiert, unter der Hand eine erweiterte Gültigkeit zuerkennen wollte, derart, daß die aus Geldmangel abgelehnte Operation auch dann nicht ausgeführt werden dürfte, wenn der betroffene Patient bereit ist, das nötige Geld selber zu beschaffen. Man wird schließlich nicht verhindern können – und, um das ganze Unternehmen zu fördern, auch nicht mehr verhindern wollen –, daß der alte Spruch »Weil du arm bist, mußt du früher sterben« wieder wahr wird.

Es läßt sich ja wenig einwenden gegen die Ansicht, daß es jedem selber überlassen bleiben muß, wofür er sein ehrlich verdientes Geld ausgibt, daß man also den Wohlhabenden nicht daran hindern kann, sich eine neue Leber zu kaufen, so wie sich ein anderer ein Ferienhaus kauft. Es war aber eine große und humane Errungenschaft der letzten Jahrzehnte, daß es bei Krankheit und drohendem Tod im großen und ganzen keinen Unterschied mehr geben sollte zwischen dem Omnibusfahrer und dem Staatssekretär, zwischen der Fabrikarbeiterin und der Fabrikbesitzerin. Im Stolz auf diesen sozialen Fortschritt erinnerte man sich nur mit Schaudern der Zeiten, da eine Krankheit die Familie für immer an den Bettelstab bringen konnte und die Reichen auf Wohltätigkeitsbällen ein großes Amüsement veranstalteten, um den kranken Kindern der Stadt ein bißchen zu helfen.

Es ist nicht auszuschließen, sondern für die nahe Zukunft zu erwarten, daß ausgerechnet der medizinische Fortschritt, je weiter er es bringt, die alte Ordnung wiederherstellt: Wenn die Heilung zu einer Ware wird, für die das Geld nicht langt, dann wird man sie denen, die das Geld haben, auf die Dauer nicht vorenthalten können.

Vielleicht wird man bis dahin dann auch die Tatsache vergessen oder verdrängt haben, daß die Entwicklung der Verpflanzungskunst auf Kosten der Allgemeinheit, also unter Mitwirkung des Omnibusfahrers, erfolgt ist. Die Krankenkassenbeiträge aller Mitglieder der sogenannten Solidargemeinschaft haben den Aufschwung des Transplantationswesens ermöglicht. Aber wenn es dereinst seinen Höhepunkt erreicht und unbezahlbar wird, dann werden seine Segnungen unbeschränkt nur denen zugute kommen, die eine so außergewöhnlich luxuriöse Anstrengung zur Lebensrettung aus eigener Tasche bezahlen können oder bereit sind, Haus und Hof zu verkaufen.

Neu ist das alles nicht, sondern eher eine Wende zum Vorgestrigen. Ganz und gar neu aber und bis dahin völlig unerhört ist der Umstand, daß durch die Transplantationschirurgie der Körper des Menschen zum Wertgegenstand wird – nicht als lebender Pförtner oder Lehrer, sondern in der schlichten materiellen Form des wenigstens teilweise noch funktionsfähigen Organismus.

Nie zuvor war das je der Fall gewesen. Nie zuvor ließ sich mit einem Herzen, einer Bauchspeicheldrüse, einer Niere oder Leber irgend etwas anfangen. Nie zuvor hätte sie jemand mit Geld aufwiegen wollen. Der Leib des Menschen war, wenn das Leben ihn verlassen hatte, zugleich der Ehrung und Achtung empfohlen wie auch dem Untergang durch Verwesung geweiht, sein Vergehen von der Stunde des Todes an sichtbar und unaufhaltsam.

Nun aber läßt sich mit Hilfe von Medikamenten, Chemikalien und Apparaturen das Leibliche, die eben noch von einem unsichtbaren Zentrum aus gesteuerte Ansammlung von Materie, auf eine schauerlich eingeschränkte Weise am Leben erhalten, und seine Teile lassen sich, wie die Ersatzteile einer Maschine, in eine andere, noch funktionierende Maschine einfügen.

Der Überzeugung, daß der Körper des Menschen nichts weiter sei als Materie, deren man sich, da sie ja doch binnen kurzem zu Staub zerfällt, ungestraft bedienen darf und im Sinne christlicher Nächstenliebe und ärztlicher Heilgebote sogar bedienen muß, entspricht andererseits die Auffassung, daß die gesamte Existenz einer menschlichen Person nichts anderes und nicht mehr ist als eben die Lebensäußerung dieser Materiezusammenballung. Das Herz, die Nieren, die Milz eines Menschen sind Organe, nützlich, solange das als Sitz der Personalität gedachte Gehirn noch lebt, vollkommen gleichgültig, sobald das Gehirn keinen Strom mehr erzeugt; dann sind sie Gegenstände, deren einziger Unterschied zu anderen Gegenständen nur darin besteht, daß sie, obwohl Materie, derzeit aus Materie noch nicht beliebig herstellbar sind; wer sie verwenden will, ist also darauf angewiesen, sie dem Leichnam zu entnehmen.

Es liegt eine gewisse Inkonsequenz darin, daß man mit Nachdruck auf die platte Gegenständlichkeit der Leichenorgane hinweist und damit ihre Weiterverwendung rechtfertigt, andererseits aber alles tut, um zu vermeiden, daß ihnen ein Geldwert zuerkannt wird, wie dies doch in unserer Welt, die fast alle Gegenstände in Geldwerten mißt, fast selbstverständlich wäre. Kurz und knapp dekretiert die Aufklärungsbroschüre des »Arbeitskreises Organspende«: »Vergütungen an die Angehörigen des Spenders oder an diesen zu dessen Lebzeiten werden nicht gezahlt.«

Es sind wohl die letzten Überreste vom Denken des Schwarzen Kutschers daran schuld, wenn hier ausnahmsweise ein Wertgegenstand den Besitzer wechselt, ohne daß dabei eine Zahlung stattfindet.

Ein Sturm der Entrüstung erhob sich, als ein Aachener Arzt vor einiger Zeit seinen Plan kundgab, bedürftigen Menschen in den Entwicklungsländern für 100 000 Mark eine ihrer Nieren abzukaufen, um den Mangel an Spenderorganen in der Bundesrepublik zu beheben.

Die Argumentation des Nierenmaklers war so unsinnig nicht: Mit der verbliebenen Niere und den 100 000 Mark, so meinte er, wären die Leute jedenfalls besser dran als mit zwei Nieren und keinem Geld; sie hätten eine Lebensrente, könnten sich notfalls ärztliche Versorgung leisten und ihre Familie besser ernähren denn je, dies sei doch »völlig logisch einwandfrei«.

Der Kölner Chirurg Eckhard Renner freilich schrieb erbost, das Angebot sei »sittenwidrig und kriminell«.

Ganz so einfach ist das doch wohl nicht. Wenn die Hergabe eines Organs, das als Paar vorhanden ist, so daß die Entnahme nur ein nachweislich sehr geringes Krankheits- und Lebensrisiko darstellt, etwa als Spende unter Verwandten nicht nur erlaubt ist, sondern als großherzige Tat gilt, dann wird man den gleichen Akt der Hergabe für einen guten Zweck nicht ohne weiteres kriminalisieren können, nur weil der Spender dafür ein angemessenes Honorar bekommt.

Nicht anders als die Organspende nach dem Tode führt auch die »Lebendspende« sehr schnell in einen Strudel widerstreitender Gefühle, Vermutungen und Argumente. Wo die Unantastbarkeit des menschlichen Körpers zugunsten guter Zwecke aufgehoben wird, wo man seine Organe als Maschinenteile verfügbar macht, da müssen auch die Begriffe von Gut und Böse, von Erlaubt und Unerlaubt an den Rändern ausfransen und sich ineinander verheddern.

Das kommt davon, würde der Schwarze Kutscher sagen, aber der Schwarze Kutscher ist schon lange tot.

Wortkarg konstatiert die Broschüre des »Arbeitskreises Organspende«:

»Grundsätzlich werden Lebendspender für eine Niere nur von Verwandten ersten Grades (Eltern/Kind, Geschwister) akzeptiert... Eine Lebendspende unter Nichtverwandten wird bei uns nicht vorgenommen.«

Hinter den schlichten Sätzen verbirgt sich ein kaum entwirrbares Knäuel moralischer Verwicklungen. Lebendspenden unter Verwandten ersten Grades werden akzeptiert. Eltern, Kinder und Geschwister dürfen einander die lebensrettende Spende gewähren, dürfen das Opfer darbringen, das dann als edle Tat noch über Jahrzehnte hin dem Spender zur Ehre gereichen wird.

Stillschweigend setzt man voraus, daß Verwandte einander stets so gewogen sind, daß sie ihr eigenes Leben einem Risiko aussetzen mögen, um das des anderen zu retten, und ebenso stillschweigend setzt man voraus, daß Geld dabei keine Rolle spielt. Das eine ist so unrealistisch wie das andere: Nicht jede Schwester liebt ihren Bruder so, daß sie freudig einen Teil ihres

Leibes für ihn hergeben mag. Nicht jeder Sohn ist so großherzig, daß er eine Niere spendet, ohne zugleich eine testamentarische Begünstigung oder auch eine sofort zahlbare Vergütung zu erbitten.

Vor allem aber kommt hier ein moralischer Druck ins Spiel, der eine ungeheuerliche Zumutung darstellt. Die Freiwilligkeit des Opfers, die Entscheidungsfreiheit dessen, der opfert, sind ja schöne Illusionen und entsprechen in den seltensten Fällen der Wirklichkeit. Die Hergabe des Organs kann vielmehr von Beteiligten und sogar von nicht direkt Beteiligten erbeten, gefordert, unter Druck und Bedrängung erpreßt werden und verliert damit den Charakter der Freiwilligkeit. Der Schriftsteller Horst Karasek, Dialysepatient, berichtet in seinem Buch »Blutwäsche«, er hätte nie und nimmer eine Niere seiner engsten Verwandten genommen, doch fügt er bitter hinzu: »Aber anbieten könnten sie mir ihre Niere doch! «

Unausdenkbar die drückenden Schuldgefühle dessen, der das erbetene oder erhoffte oder von der Familie geforderte Opfer verweigert hat, unausdenkbar auch die Last der Dankbarkeit, die der zu tragen hat, der weiß, daß sein Leben mit einem solchen freiwilligen oder erpreßten Opfer erkauft worden ist. Was sich, wenn überhaupt, in schönster menschlicher Eintracht vollziehen sollte, kann noch Jahrzehnte später zum Gegenstand drückender Gewissensnöte, schlimmen Feilschens und Drohens werden. Natürlich gehört die Last solcher Entscheidungen zum menschlichen Leben und läßt sich nicht vermeiden – aber niemals zuvor ging es dabei um die Unversehrtheit des eigenen Leibes. Die steht erst zur Disposition, seit die Chirurgen das Verpflanzen gelernt haben.

Andererseits: Wenn man die Lebendspende von Organen unter Verwandten als schönes Opfer anerkennt, dann müßte man sie doch wohl auch unter Freunden oder Ehepartnern als edle Tat rühmen. Aber: »Eine Lebendspende unter Nichtverwandten wird bei uns nicht vorgenommen.«

Das heißt: Etwas Hochmoralisches, vielleicht von allen Beteiligten Erwünschtes, ihrem Lebensziel und Lebenssinn durchaus Angemessenes, wird nicht praktiziert, – aus einem leicht erdenklichen Grund, nämlich, weil es unabsehbare Folgen haben könnte. Zum Beispiel würde es möglich, daß sich ein gekaufter Organspender als guter Freund des Empfängers ausgibt oder gar die Empfängerin heiratet, womit dann der Kommerzialisierung des Transplantationswesens Tür und Tor geöffnet wäre.

Just in dieser Gegend hätten wohl die Bedenken des Schwarzen Kutschers gelegen, wenn man ihn aufgefordert hätte, das Prinzip der Totenruhe mit Argumenten zu verteidigen. Es ist ja der tiefere Sinn solcher Gebote, daß sie ein für allemal etwas verhindern, was an sich gar nicht so schlecht sein mag und im Einzelfall sehr gut, was aber, wenn man es nicht grundsätzlich verpönt, zu unabsehbaren Konsequenzen und schlimmen Verirrungen führen kann. Daß jemand eine neue Niere bekommt, kann nicht an sich schlecht sein, daß sie einem Verwandten oder einem Toten entnommen wird, mag ein medizinisches Meisterwerk sein und sogar, wie der Papst gesagt habe, als »letzter konkret praktizierbarer Akt der Nächstenliebe« gelten können, – aber die Konsequenzen sind nicht absehbar.

Die Entrüstung der deutschen Ärzte über die geplanten Maklerdienste ihres Aachener Kollegen war ganz gewiß echt. Aber in Brasilien floriert der Handel mit Organen aufs beste, und in Chicago und London braucht man nur 80 000 Mark bar zu erlegen, dann bekommt man innerhalb von zwei Wochen eine neue Niere.

Das Entsetzen der Mediziner nützt da gar nichts, Gesetze ebensowenig. Wo es um Leben und Tod geht, darf man nicht damit rechnen, daß die Skrupel und moralischen Feinheiten geachtet werden, mit denen die Verwalter des medizinischen Fortschritts jetzt noch ihr Tun umgeben. Man muß vielmehr damit rechnen, daß die Verdrängung dieser Skrupel und die Umgehung der Gesetze zur Selbstverständlichkeit werden.

Es ließe sich einwenden, daß man eine gute Sache nicht deswegen unterlassen oder ihre Entwicklung verhindern darf, weil man voraussieht, daß sie zu schlimmen Konsequenzen führen wird. Aber mit genau diesem Argument verhindert man, daß die Ehefrau dem Mann, der Freund dem Freunde ein entbehrliches Organ spende.

Und was die Gesetze und die Skrupel angeht, die derzeit noch das Schlimmste abwenden, so hätte man zu bedenken, daß die Transplantationschirurgie sich noch in ihren frühen Anfängen befindet. Viele der heute bestehenden Schwierigkeiten und Risiken, etwa das der Abstoßung des verpflanzten Organs, werden möglicherweise in fünf oder zehn Jahren vergessen sein; Eingriffe, über die heute noch die Zeitungen einzeln berichten, werden zur Routine geworden sein; die Zahl der Chirurgen und der Kliniken, in denen solche Eingriffe vorgenommen werden können, wird zunehmen – und es wird Privatkliniken geben, in denen eine weniger keimfreie Moral gilt als die, mit der man heute noch das Transplantationswesen vor Anfechtungen aller Art zu bewahren sucht.

Je mehr man vollbringen kann und je mehr Organe man dazu braucht, um so größer wird die Neigung und die Versuchung sein, noch geltende Tabus zu stürzen, noch vorhandene Skrupel zu vergessen, noch geltende Gesetze zweckmäßig zu verändern.

In Amerika gab es unlängst eine Gesetzesvorlage, wonach es erlaubt sein sollte, die Opfer von Gewaltverbrechen als Organspender zu benutzen. Bisher ist das noch verboten – womit verhindert werden soll, daß jemand sich eine neue Niere durch Mord und Totschlag zu verschaffen sucht. Aber jene Organe, die in Brasilien gehandelt werden, sind vielleicht auf eben diese Weise beschafft worden.

Die Verdinglichung des menschlichen Körpers, die Tatsache, daß er durch die Kunst der Operateure zu einer verwertbaren Ware geworden ist, wird unabsehbare Folgen haben. Sie reichen von neuen Formen des Kommerzes bis zu neuen Formen des Verbrechens, und mit Gesetzen ist dagegen nicht viel auszurichten.

Denn ein Unternehmen wie das Transplantationswesen entwickelt auf die Dauer seine eigenen Gesetze. In Medizinerkreisen wirft man den Ärzten der kleineren Krankenhäuser vor, sie gingen, wenn bei ihnen ein Patient mit brauchbaren Organen sterbe, den Umständlichkeiten einer Explantation gern aus dem Wege und behinderten damit den Fortschritt des Transplantationswesens – und in der sicher richtigen Erkenntnis, daß Geld in solchen Fällen das beste Stimulans ist, hat man den Vorschlag gemacht, die Bereitschaft der Ärzte zur Explantation durch Sonderhonorare zu erhöhen .

Nur noch hauchdünne Schleier von Taktgefühl und Rücksichtnahme trennen uns davon, daß bei jedem Zugunglück, bei jedem Autorennen und bei jeder Feuersbrunst die Transplantationsteams auftauchen und dezent nach brauchbaren Materialien Ausschau halten. Warum auch eigentlich nicht? Wenn man nichts dabei findet, ein Verkehrsopfer auszuschlachten, dann ist auch nichts dabei, daß man Vorkehrungen trifft, um immer zurechtzukommen, wo solche Opfer zu erwarten sind. Wenn, wie der Moraltheologe Franz Boeckle sagte, die Nächstenliebe den Tod übersteigt, dann übersteigt sie erst recht unseren noch verbliebenen Rest von Pietät und Takt.

Was übrigens die Verkehrsopfer angeht, die sich aus gewissermaßen technischen Gründen meist am besten für die Explantation eignen, so hat der Umstand, daß ihre Zahl abgenommen hat, Rückwirkungen auf das Transplantationswesen. In einem Aufsatz der Chirurgen Ketzler und Schoeppe (Dialyse-Journal 12/1985) heißt es:

»(Es gibt) sehr wünschenswerte Entwicklungen, die einer kontinuierlichen Zunahme der Zahl von Organtransplantationen insgesamt entgegenstehen können, so wie dies aus dem Rückgang der Unfallzahlen mit tödlichem Ausgang abzulesen ist.«

Auch umgekehrt wird ein Schuh daraus: Das Transplantationswesen hätte sich wohl kaum zur gegenwärtigen Größe entwickeln können, wenn nicht ein mörderisches Verkehrswesen das Material dafür geliefert hätte.

Muß man ein Schwarzer Kutscher und hoffnungslos rückständig sein, um diese neue Verwirklichung des alten Spruches, daß das, was des einen Eule, des anderen Nachtigall sei, eher mit Entsetzen zu registrieren als mit der naiven Freude darüber, daß sich selbst mit einem entzweigegangenen Motorradfahrer noch etwas Vernünftiges anfangen läßt? Horst Karasek bringt es in seinem Buch auf den Punkt, wenn er zum Warten auf das Unglück eines Nierenspenders schreibt:

»Ja, die Krankheit macht uns Menschen nicht besser, sie macht uns zu kleinen Monstern, die ausschließlich an sich selber denken.«

Zumindest der Moraltheologie sollte es – um das mindeste zu sagen – nicht ganz gleichgültig finden, daß täglich Tausende von Stoßgebeten gen Himmel gehen, in denen um das Ableben eines passenden Spenders ersucht wird. Gott sortiert sie nach Blutgruppen und wird sehen, was sich machen läßt.

Und ist es denn wirklich, wie Horst Karasek meint, »die Krankheit«, die den Menschen zum egoistischen Monster macht, oder ist nicht vielmehr das Verpflanzen von Leichenteilen etwas so Un-Menschliches, etwas so sehr die Fassungskraft, die Grenzen des Menschlichen Übersteigendes, daß sich niemand wundern darf, wenn daraus monströser Egoismus, unfromme Gebete, unlösbare Verwicklungen, Gewissensverwirrungen und Ratlosigkeit entspringen?

Nie zuvor hat es das gegeben: daß der Tod eines unschuldigen Mitmenschen die zu erhoffende Voraussetzung für die Verlängerung eines anderen Lebens ist. Auf den Tod eines anderen zu hoffen, damit das eigene Leben gerettet werde, das ist nun zur Alltäglichkeit geworden, und es ist noch keineswegs ausgemacht, was schwerer wiegt: die geretteten Jahre der Operierten, oder die Summe dessen, was die Verdinglichung des menschlichen Leibes an Niederträchtigem und Anrüchigem, an Schäbigkeit und Unlauterkeit nach sich ziehen wird:

Es gibt keine Ware auf dieser Welt, mit der man nicht umgeht wie mit einer Ware – was immer die Gesetzgeber darüber bestimmt haben. Waren werden gestohlen, getauscht und verschoben, durch Mord und Totschlag angeeignet, geschmuggelt und verhökert, um Waren wird gefeilscht und ihretwegen wird erpreßt, bestochen, gelogen und betrogen; jede Ware ist für Geld zu haben, und wer kein Geld hat, ist übel dran. Wenn Nieren, Lebern, Herzen und Lungen toter Menschen zur begehrten Ware werden, dann wird es damit zugehen wie mit Waren, und: es wird den Lebenden an den Kragen gehen, die diese Waren besitzen, indem sie leben.

Das kommt davon, würde der Schwarze Kutscher sagen, aber

der Schwarze Kutscher ist schon lange tot, und würde er es heute sagen, dann hätte der Nierenspezialist auch darauf eine Antwort. Eckhard Renner, der Chirurg:

»Eine Grundlage für den bewußten Verzicht auf Mögliches an Lebensverlängerung durch technische, kostenaufwendige Medizin ist zumindest bislang auch noch nicht bei denjenigen zu erkennen, die heute emphatisch und oft erschreckend einseitig die Nachteile der Technik in der Medizin beklagen ... Die tägliche Erfahrung ... belegt, daß die Hilfe dieser Medizin im Ernstfall der schweren und lebensbedrohenden Erkrankung in Anspruch genommen wird, auch von demjenigen, der aus der Distanz des Gesunden oder aus anderen Gründen der Problematik artifizieller Lebensverlängerung kritisch, eventuell auch ablehnend gegenüberstand.«

Etwas schlichter ausgedrückt: Erst lamentieren die Leute über die moderne Medizin, über die Kosten und Qualen der Lebensverlängerung, und wenn es so weit ist, dann kommen sie willig in die Dialyseklinik und wünschen sich nichts mehr als eine neue Niere.

Selbst wenn dem so wäre, hätte das nichts zu besagen. Denn wenn jemand mit Gründen eine Entwicklung kritisiert, dann stehen nur seine Gründe zur Debatte; ganz belanglos bleibt es, ob er im Einzelfall, da ja nun die Entwicklung stattgefunden hat, daran zum eigenen Vorteil partizipiert. Es wäre ganz unsinnig, von jemandem, der eine Autobahntrasse durch den Teutoburger Wald bekämpft hat, zu verlangen, daß er diese Autobahn nicht benutzt, wenn sie dann schließlich doch gebaut worden ist.

Vor allem aber sollte der Nierenspezialist sich denken können, daß jene, die der »artifiziellen Lebensverlängerung« den Tod vorziehen, gar nicht erst bei ihm auftauchen, so daß er aus ihrem Ausbleiben nicht den vorschnellen Schluß ziehen darf, seine »tägliche Erfahrung« lehre ihn, daß die Ablehnung artifizieller Lebensverlängerung nur Schaumschlägerei von Gesunden sein könne. Noch so viele belegbare Einzelfälle vermöchten eine so kühne Verallgemeinerung nicht zu rechtfertigen. Vielmehr wächst von Tag zu Tag die Zahl derer, die mit List und

Tücke oder mit herzlichem Flehen den Bemühungen der Ärzte zu entkommen trachten oder, da dies nur unter großen Schwierigkeiten möglich ist, den schon eher erfolgversprechenden Versuch machen, sich ihnen gewaltsam zu entziehen. Der Nierenspezialist sollte wissen, daß die Selbstmordrate bei Dialysepatienten sechsmal höher ist als bei der übrigen Bevölkerung, und sicher könnte er sehr genau die darüber noch hinausgehende Zahl derjenigen nennen, die ihn um Abbruch der Behandlung bitten, wozu ein anderer Nierenspezialist, Conrad Baldamus aus Frankfurt, kürzlich auf einem Kongreß in Köln bemerkte, er bekenne sich dazu, daß dieser Wunsch respektiert werden müsse.

Was wohl der Schwarze Kutscher zu all dem sagen würde?

Er hätte, wenn man ihn rechtzeitig gefragt hätte, wahrscheinlich den ganz einfachen Vorschlag gemacht, mit den Bemühungen zur Rettung vor Krankheit und Tod und zur Verlängerung des Lebens spätestens dort ein Ende zu machen, wo man die Toten ausweiden muß, um den noch Lebenden zu helfen. Er hätte darauf bestanden, daß etwas, was ihm an sich und ein für allemal anstößig erscheine, nicht dadurch gerechtfertigt werden könne, daß es einem guten Zweck dient.

Aber, so wendet der Chirurg dagegen ein – und es klingt fast ein wenig verzagt:

»Woraufhin sollten Krankheit und Tod, wenn zumindest vorübergehend vermeidbar oder aufschiebbar, bei verlorengegangener religiöser Basis und fehlender philosophischer Grundlage ... als Schicksal angenommen werden?« (E. Renner, a. a. O.)

Wunderliche Bundesgenossen: der Arzt, der das Einpflanzen von Organen unter anderem damit rechtfertigt, daß den Leuten der rechte Glaube ans gottgesandte Schicksal abhanden gekommen sei, und der Moraltheologe, der das Auspflanzen mit der Pflicht zu christlicher Nächstenliebe verteidigt.

Der Schwarze Kutscher blickt nachdenklich erst den einen, dann den anderen an, knallt mit der Peitsche, leise, der Leiche wegen, und fährt dann weiter mit seinem Sarg zum Friedhof. Und manche ziehen den Hut.

Epilog:
Eine Laienpredigt
über die Unbegreiflichkeit

Darf man Leichenorgane verpflanzen? Darf man Atome spalten und die Sorge für den dabei entstehenden tödlichen Müll kommenden Generationen aufbürden? Darf man Kosmetika an Tieren testen? Darf man Menschen im Reagenzglas erzeugen und darf man mit den so ins Leben gerufenen Embryonen experimentieren? Darf man, und sei es mit den besten Absichten, den Genbestand des Menschen antasten und zu verändern trachten, wohl wissend, daß dabei Menschenversuche aller Art ganz unvermeidlich sind? Darf man einen Krieg, der die Erde vernichten könnte, auch nur *denken*, geschweige denn die Vorbereitungen dazu bis in den Weltraum tragen?

Die meisten dieser Fragen hätten vor fünfzig Jahren noch rein utopischen Charakter gehabt und wären auf Unverständnis oder Abscheu gestoßen. Heute werden sie öffentlich erörtert, von den Antworten hängen ganze Industriezweige und Berufsstände ab, jede betrifft ein wichtiges Stück unseres zivilisatorischen Fortschritts, und manche Antwort entscheidet vielleicht über den Fortbestand der Menschheit.

Daß die Fragen öffentlich erörtert werden, bedeutet freilich nicht, daß sich die ganze Öffentlichkeit wirklich damit befaßt. Vielmehr überläßt das Publikum, je heikler die Fragen werden, ihre Entscheidung um so bereitwilliger den Politikern, und diese flüchten sich zu den Fachleuten, die gar nicht merken, daß sie keine sind; denn wenn es um Fragen der Zumutbarkeit geht, sind ja nicht jene kompetent, die den anderen etwas zumuten, sondern die, denen etwas zugemutet wird – Risiken für Leib

140

und Leben oder schmerzliche Verletzung ethischer Überzeugungen.

Die Fachleute haben es leicht. Nicht daß ihnen ethische Erwägungen fremd wären oder daß sie gegen Risiken gefeit wären – aber *vor* dem Nachdenken über Hintergründiges steht für sie das Ziel, die eigene Wissenschaft oder Technik zu fördern, oder, noch einfacher: ihren gewählten Beruf auszuüben. Da schieben sich die Zweckmäßigkeiten vor die Grundsatzfragen, und ob man etwas »dürfe«, wird nebensächlich, weil man es möchte oder kann. Für eine etwa geforderte moralische Rechtfertigung findet sich immer ein menschenfreundlicher Zweck, – denn wenn auch jede neue Fertigkeit des Menschen zur Zerstörung taugt (womit in der Regel die Finanzierung gesichert wird), so läßt sich doch auch stets ein humanitärer Nutzen vorweisen.

Die Welt gehört uns, sagen die Fachleute oder denken es wenigstens; die Wissenschaft muß frei sein und bleiben, niemand hat das Recht, ihr Grenzen zu setzen; keine Instanz ist zu denken, von der man eine Entscheidung über das Dürfen oder ein Gebot der Unterlassung akzeptieren würde, und die Grenzen zu dem hin, was einst als unsittlich galt, werden immer weiter hinausgeschoben: Die Bemühungen, künstlich befruchtete Menscheneier in einem Brutkasten großzuziehen, sind, wie man hört, bis zum fünften Monat gediehen; ob die Fünfmonatskinder dann von selbst krepieren oder getötet werden, darüber ist nichts Zuverlässiges bekannt.

Unversehens verkommt solche Freiheit des Weitermachens zu der Nötigung, gar niemals einzuhalten. In San Francisco operiert man jetzt schon die Ungeborenen, indem man sie ein Stück weit aus dem Mutterleib zieht, und ernsthaft denkt man darüber nach, ob Mütter, die sich einer solchen Operation widersetzen, juristisch belangt werden können.

Man mag eine solche Denkart, die sich nur noch am Effekt orientiert und einfach alles in die Tat umsetzen will, was die Apparaturen ermöglichen, materialistisch nennen. Tatsächlich gibt es für sie nur die Bedingungen der Materie und materielle Ziele und Wünsche, und oft genug ist es auch eine materialistische Denkart in dem platten Sinne, daß sie auf den Geldsegen hinarbeitet, im Geld einen Segen sieht und ihre Arbeit als gesegnet, wenn es hinterher Geld gibt.

Materialistisch heißt aber auch, daß die Materie, mit der man da hantiert, als wiederum aus Materie hervorgegangen und folglich als beliebig verfügbar angesehen wird. Man vermutet dahinter keinen anderen, Sinn gebenden und Grenzen setzenden Ursprung, sondern wiederum nur Materie. Freilich endet dieses Denken, mit dem man in der materiellen Welt so sicher und erfolgreich fortschreiten kann, nach rückwärts in einer ziemlich unsicheren Dunkelheit:

Trefflich läßt sich ja alle Materie, auch die lebende, auch der Mensch, immer weiter zurückführen auf eine jeweils einfacher organisierte Materie, und da der Weg zurück sehr lang ist, nämlich bis zum Urknall reicht, so begnügt man sich, was den Ursprung angeht, mit der Feststellung, daß eben alles nichts anderes als Materie sei; man hält das für eine Erklärung und glaubt, es begründe zugleich die Freiheit des beliebigen Fortschreitens, ja, fordere sie geradezu. Es war ein Medizinprofessor, Chef einer großen Münchner Klinik, der unlängst schrieb, der Mensch sei »ein Stück Natur, das die Begabung und damit das Kommando erhält, in sich Erkenntnisse aufzunehmen«, und es sei daher falsch, anzunehmen, »daß der Mensch die Möglichkeit hätte, den Fluß der Erkenntnisse aus der Natur in das Bewußtsein des Menschen zu steuern«. Da Erkenntnis in diesem Sinne nicht nur aus reinem Nachdenken besteht, sondern auch aus gelungenen Experimenten und ihrer ferneren Nutzung, so wäre demnach, wenn man alles recht vom Urknall her betrachtet, der Wasserstoff selbst schuld daran, daß aus ihm über einige Zwischenstufen der Mensch wurde, der Gene manipuliert und Atombomben wirft.

Der Blitz des Urknalls überstrahlt die dunkle Ungewißheit, aus welchem Nichts oder aus welchem Etwas denn jene ungeheuerliche Eruption sich vollziehen konnte, in deren Folge Welt und Welten sich entfalteten. Am Ende allen materialistischen Denkens steht das achselzuckende Verstummen vor der Frage, warum denn etwas ist und warum nicht nichts ist – aber es bleibt beim Achselzucken, und insgeheim hofft man, auch auf diese Frage ließe sich dereinst doch noch eine physikalische Auskunft finden.

Andere haben auf die Frage nach dem Ursprung Antwort gegeben. Die Antworten sind in Erschaffungsmythen, in Religionen, in Gottesbildern ausgemalt und festgeschrieben. Die Weise der Erschaffung bestimmt zugleich das Wesen des Erschaffenen, sein Eingebundensein in Prinzipien des Bösen und Guten, in Götterkämpfe, Abgründe und Höhen; sie sagt, was dem Erschaffenen aufgegeben ist, wozu er frei bleibt und woran er gebunden bleibt. Mythos und Religion erklären die Welt und geben zugleich Anweisungen, wie in ihr gelebt werden soll – und anders als beim Mythos von der Freiheit des autonomen Wissens heißt leben dann stets Einhaltung von Grenzen, Beachtung von Verboten und Geboten.

So gibt es denn, bei uns und heutzutage, etwa auf die Frage nach der Zulässigkeit künstlicher Zeugungsmethoden nicht nur die Antwort der Wissenschaft, die sich aufs Weitermachen um beinahe jeden Preis versteift, sondern auch Antworten aus christlicher Glaubensüberzeugung, die hie und da auf die Grenzen des Erlaubten aufmerksam zu machen suchen.

Doch hat es damit offenkundig seine Not – wie sich auf schier groteske Weise beim menschlichen Embryo zeigt: Seine Abtreibung aus dem Mutterleib, wenn die Mutter wider Willen schwanger geworden ist, wird vehement bekämpft als die frevelhafte Tötung eines schon Mensch gewordenen einmaligen Wesens; da reden die Bischöfe und die Pfarrer mit Donnerstimme von der unsterblichen Seele, und ernstlich erbitterte Laien sekundieren ihnen. Wenn aber jene, die Ejakulat und Ei im Glas schüttelnd vereinen, eine Travestie der Empfängnis vollziehen und bei dieser Gelegenheit gleich Dutzende von unsterblichen Seelen erzeugen, wohl wissend, daß bis auf eine auserwählte alle anderen in der städtischen Kanalisation enden werden, weil man so viele unsterbliche Seelen gar nicht gebrauchen kann, dann hört man kaum je Proteste von den Frommen, und der anerkannte Moraltheologe stammelt nur etwas von der Würde des Menschen, die nicht gefährdet werden dürfe, wo-

143

mit er nach allem nur meinen kann, daß die Laboranten beim Schütteln keine Zoten reißen sollen.

Dies jedenfalls war die Situation bis zum April 1987, als der Papst sich erstmalig in seiner »Instruktion über die Achtung vor dem beginnenden menschlichen Leben« verbindlich gegen die extrakorporale Befruchtung aussprach. Es hat allerdings nicht den Anschein, daß diese »Instruktion« widerspruchslos hingenommen und befolgt werden wird.

Der Embryo im Glas und der im Mutterleib, das sind ja, notabene, keine prinzipiell verschiedenen Fälle, die unterschiedliche Beurteilung ist also keineswegs ein Fall von exegetischer Meinungsverschiedenheit, sondern in Wahrheit ein Fall von Opportunismus. Er ist demnach nicht dem christlichen Glauben anzulasten, sondern denen, die aus diesem Glauben heraus in zwei nahezu gleichen Fällen unterschiedlich urteilen, — weist aber eben damit auf die unabsehbaren Schwierigkeiten hin, die sich ergeben, wenn man meint oder vorgibt, der Lauf der Welt oder des Fortschritts ließe sich gewissermaßen christlich regeln, wenn nur alle Menschen rechte Christen wären.

Exegetische Schwierigkeiten kommen hinzu. Die biblische Aufforderung »Macht euch die Erde untertan« wird neuerdings, nachdem die ursprüngliche Auslegung ins Desaster geführt hat, anders interpretiert. Da muß dem Nichtchristen unfehlbar die bange Frage hochkommen, wie verläßlich denn eine Offenbarung als Richtmaß sein kann, die je nach Bedarf und Zeitumständen zweckdienlich ausgelegt werden kann.

Es gibt einen Kardinal, der die Atomenergie, wenn nicht als Teufelswerk, so doch als Manifestation eines über alles Erlaubte vermessen hinausgreifenden Menschengeistes ablehnt, aber es gibt andererseits einen Bischof, welcher der schlichten Logik anhängt: wenn Gott dem Menschen die Fähigkeit zur Atomkernspaltung verliehen habe, dann werde es damit schon seine Ordnung haben, weil es ja nicht sein könne, daß Gott etwas zuläßt, was dem Menschen eigentlich nicht gebührt. Die Argumentation ähnelt auf fatale Weise jener wissenschaftlichen, wonach es sich bei allem Menschenwerk im Grunde und vom

Urknall her gesehen um unabwendbare Naturereignisse handelt.

Natürlich ist die Meinung eines Bischofs nur die Meinung eines Christen und nicht verbindlich christlich schlechthin. Zu zeigen aber war, daß der Versuch, die eilbedürftigen Grundsatzfragen zivilisatorischen Handelns in dieser Welt aus dem Geist des Schöpfungsglaubens, des Kreuzestodes und der Erlösungshoffnung heraus zu beantworten, in Unentschiedenheit und Verwirrung endet, zur Klärung also weit weniger beiträgt, als das den kirchlichen Stellungnahmen oft zugebilligte Gewicht erhoffen lassen könnte.

Daß die Welt Gottes Schöpfung sei und als eine Art von Lehen die pfleglichste Behandlung erheische – dieser christliche Glaubenssatz taugt noch am ehesten zum Ausgangpunkt für die ernsthafte Mahnung, der Mensch möge nicht der Anmaßung und der teuflischen Versuchung anheimfallen. Wer aber aus diesem Glauben heraus zur Vorsicht rät und dazu, nicht alles zu tun, was man tun kann, sondern lieber einiges zu unterlassen, auf daß die Schöpfung Bestand habe, – wer so argumentiert, bekennt oder gar fleht, dem wird rasch Bescheid getan, daß schließlich auch viele Genetiker, Atomtechniker und Tierexperimentatoren – samt ihren Auftraggebern – gute Christen seien und daß sie ihren Weg gefunden hätten, das Zerschnipseln von Embryos, das Ausweiden von Leichen, die Spaltung von Atomkernen und das Ausstechen von Katzenaugen vor sich und ihrem Gott zu rechtfertigen.

Wo der christliche Glaube abhanden gekommen ist oder jedenfalls seine Allgemeinverbindlichkeit verloren hat, da ist ein Vakuum entstanden, in das hinein eine Vielzahl religiös-esoterischer Gruppen drängt, mit christlichen Elementen, aber auch mit solchen aus den Geheimlehren aller Zeiten und Völker. Wie das Christentum auf die Offenbarung, so beruft sich die Esoterik auf Erleuchtungerlebnisse, die in der Meditation oder durch mediale Mitteilungen gewonnen werden. Die derart erlebte Erkenntnis setzt, wie der Glaube, ihr eigenes Recht: Der Nichteingeweihte muß vor ihr verstummen, er gilt – nicht anders als bei der Wissenschaft – als nicht kompetent. Sein Einspruch wiegt nichts gegenüber der Versicherung der Eingeweihten, sie seien der Einweihung teilhaftig geworden.

Wer je erlebt hat, daß eine Erkenntnis treffen kann wie ein Blitz, unter dem man aufwacht zu strahlender Helligkeit und tiefer Freude – und daß sich eine solche Erkenntnis dann doch als völlig irrig erweisen kann, der wird dem Erlebnis der Erleuchtung mit wehmütiger Skepsis begegnen, und er wird kaum die Hoffnung wagen, es könne ihm je so fröhliche Selbstgewißheit zufallen, wie sie sich derzeit in manchen Gruppen nachgerade endemisch ausbreitet.

Daß mit der Erleuchtung ein neues Zeitalter, ein New Age hereinbreche, ist nicht nur Hoffnung, sondern Verheißung; doch tragen die neuen Eingeweihten, indem sie vornehmlich Depressionen beseitigen und das allgemeine Harmoniebedürfnis individuell befriedigen, weniger zur Verbesserung der Welt bei als vielmehr dazu, ihre zunehmende Verschlechterung erträglich zu machen. Die öffentliche Diskussion über unser frevelhaftes Handeln im noch nicht neuen Zeitalter wird jedenfalls eher von Gremien und Institutionen beherrscht, welche den Bonus der Autorität genießen, den ihnen der Verweis auf ihre jeweilige letzte Instanz verschafft – auf die vermeintlich autonome Freiheit der Wissensgewinnung oder auf die Offenbarung und den Glauben daran.

Die Wissenschaftler und die mit ihnen verbündeten Techniker verlautbaren ihre Ansichten auf Kongressen und leiten bedenkenlos ihre Entscheidungsbefugnis über Gene und Atome aus der Tatsache ab, daß sie ihr Fach beherrschen – als berechtige die Fähigkeit, ein Streichholz anzureißen, bereits zur Brandstiftung.

Die Kirchen geben Erklärungen ab, welche als offizielle Stellungnahmen Beachtung finden und großes Gewicht haben. Wenn der Papst die Organentnahme aus Leichen gebilligt hat und der Moraltheologe den päpstlichen Spruch bekräftigt, dann haben alle einen schweren Stand, die etwa versuchen wollten, gegen solche Experten für Ethik einer abweichenden Meinung Geltung zu verschaffen.

Der Deutsche Ärztetag und das Atomforum einerseits, der

Kardinal oder der Umweltbeauftragte der EKD andererseits äußern sich hörbar – und durchaus nicht immer gegensätzlich –, und beide Parteien leiten ihre Kompetenz aus den Grundwerten der wissenschaftlichen Objektivität oder der anerkannten Glaubenswahrheit ab.

Es hängt wohl mit dem verbreiteten – und für die Entscheidungsfindung natürlich sehr handlichen – Denken in Kompetenzen und Institutionen zusammen, daß eine dritte Gruppe zwischen den Wissenschaftlern und den Christen schier unsichtbar bleibt, – eine Gruppe, deren Mitglieder sich auf keine Glaubenswahrheit, auf keine Institution, auf keine Offenbarung oder Erleuchtung berufen und die gleichwohl nicht zum großen Heer der Indifferenten, Gleichgültigen, der erklärten Atheisten oder Nihilisten, der zynischen Intellektuellen oder der pragmatisch-naiven Fortschrittsgläubigen zu zählen sind. Sie sind sich kaum bewußt, daß sie eine Gruppe bilden; nur wenige und dem Publikum fast unbekannte Philosophen stärken ihnen den Rücken, bei keinem Bundestagshearing sind sie repräsentativ vertreten, und wenn sie dort Einlaß begehrten und als Ausgangsebene ihres Denkens und Urteilens ihre tiefe Skepsis bekennen würden, dann müßten sie damit rechnen, schon vom Portier abgewiesen zu werden.

Die Vertreter dieser Gruppe »Agnostiker« zu nennen, ist philosophisch nicht ganz präzise, doch mag es für diesmal durchgehen, wenn wir sogleich versuchen, die Grundzüge dieser Anschauung der Welt zu umreißen.

Der Agnostiker ist davon überzeugt, daß sich über das Sein und die Wirklichkeit nichts zuverlässig Wahres in Erfahrung bringen läßt, am wenigsten aber über etwas, was sich jenseits oder oberhalb der Welt, in der er lebt, befinden könnte. Ein Schlüsselwort für das agnostische Denken ist die Unbegreiflichkeit, so daß Nietzsche spotten konnte, der Agnostiker bete das Fragezeichen als Gott an. Daran ist freilich alles falsch: Der Agnostiker betet nichts an, sondern konstatiert nur etwas, was er an zahllosen Beispielen immer von neuem belegen kann: die unermeßliche und umfassende Größe des Unbegreiflichen, und sie ist ihm nicht »Gott«, sondern ein Faktum, mit dem er mehr

147

seine eigene Unvollkommenheit beschreibt als etwas außerhalb von ihm Liegendes.

Wenn der Agnostiker sich nicht — was freilich tausendfach vorfällt — in die Gleichgültigkeit verabschiedet und nur das Radio etwas lauter stellt, wenn er also weiter nachdenkt, dann gewahrt er, daß die Unfaßbarkeit ihn zu einer Art demütiger Unterwerfung nötigt. Daß diese in Goethes ruhiger Verehrung des Unerforschlichen gipfelt, mag geschehen, doch kalkuliert der Agnostiker, skeptisch, auch die keineswegs auszuschließende Möglichkeit ein, daß ein etwa anwesender Geist über den Wassern nicht mit Gewißheit so aufs Schöne und Gute und auf eine verehrungswürdige Ordnung der Welten aus ist, wie es den anderen, die ihren Gott gefunden haben, erscheint.

Das Böse in vielerlei Gestalt war immer die ganz große Verlegenheit aller Religionen, seine Erklärung zugleich die wichtigste Lebenshilfe, die sie zu leisten vermochten. Die phantasievollsten Dramaturgien wurden verkündet, um dieser Verlegenheit mit dem Hinweis auf Schuldige zu entkommen, deren abgefeimtes Wirken selbst die Pläne des allmächtigen Gottes durchkreuzt, wiewohl er doch sonst alles mit einem Fingerschnippen nach seinen Wünschen zu regeln vermag. Wenn er es nicht tut, dann liegt der Verdacht nahe, daß er nicht so sehr das Gute will, sondern den Kampf zwischen Gut und Böse, ein von ihm angezetteltes Experiment also, dessen Verlauf und Ausgang er wohl kennen sollte: Der Mensch ist, samt seiner Welt, offenbar so geschaffen, daß er unweigerlich selbst dann straucheln muß, wenn er besten Willens ist.

Ein Gott, der sich zur Kurzweil an den im Schöpfungsplan schon vorgezeichneten Leiden seiner Kreaturen weidet (auch die Schlange war ja sein Geschöpf), an den verzweifelten Versuchen des Menschen, aus der Not des Zwistes zwischen Gut und Böse die Tugend zu machen, — ein solcher Gott wäre leichter zu denken als ein gütiger Gott, denn was zum Teufel sollte diesen veranlaßt haben, in seiner Güte so viel namenloses Leid zu erschaffen, nur um auszuprobieren, was dabei herauskommt, wenn man fehlbare Wesen erzeugt und ihnen dann die Freiheit gibt, ihre Fehlbarkeit unter Beweis zu stellen?

Dem Agnostiker erscheint es ganz und gar aussichtslos und angesichts des Größenunterschiedes zwischen ihm und dem Unbegreiflichen auch ganz unangemessen, diesen Weltverhältnissen, die er vorgefunden hat, irgendeine »Wahrheit« abgewinnen zu wollen. Am wenigsten leuchtet ihm die lapidare Folgerung ein, die Existenz eines Schönheit und Ordnung wollenden Schöpfergeistes ergebe sich zwingend aus dem Vorhandensein von Schönheit und Ordnung. Die Sonnenblume ist schön und von Ordnung geprägt, aber der Bandwurm ist nur ordentlich und im übrigen unsagbar scheußlich – und wahrlich nicht das Scheußlichste auf dieser Welt. Und wenn dem Agnostiker hierauf geantwortet wird, daß der Bandwurm nur uns Menschen so scheußlich erscheine, dann erwidert er: daß dann auch die Schönheit der Sonnenblume nur eine irrelevante menschliche Illusion sei.

Der Agnostiker beschränkt sich darauf, zu konstatieren, daß ein Sinn und eine Wahrheit nicht zu erkennen sind. Und wenn er von der Unbegreiflichkeit redet, dann hofft er, daß gerade *er* es ist, der die Unermeßlichkeit, die Unergründlichkeit, die Unerreichbarkeit Gottes – wenn es ihn gibt – am meisten ernst nimmt, indem er jegliche Vermutung darüber unterläßt.

Was die Welt zu bedeuten habe, wie der Bandwurm gemeint ist, wie der Aronstab und der Mensch, das weiß der Agnostiker nicht und er hält dafür, daß er es auch gar nicht wissen kann und womöglich gar nicht wissen soll. Er hegt als einzige Gewißheit die: daß Gewißheit nicht zu erlangen ist und die Vielzahl der in Umlauf befindlichen Gewißheiten eher Verwirrung stiftet, selbst wenn sie *nicht* mit dem Anspruch auf allgemeine Gültigkeit verbunden sind.

Seine Überzeugung, daß Gewißheit nicht zu erlangen sei, trägt dem Agnostiker das scheinbar schlagende Argument ein, daß, wenn dies zutreffe, nicht einmal die Gewißheit der Ungewißheit gewiß sein könne. Das ist ein hübsches Paradoxon, mit dem man lange erfolglos spielen kann, doch besagt es in Wahrheit nichts anderes, als daß der Agnostiker tatsächlich auf nichts verweisen kann als auf sich selber und seine nicht hintergehbare Ungewißheit. Weit ergiebiger ist aber die Frage, was sich denn mit solcher Ungewißheit, mit der Unbegreiflichkeit des Unbegreiflichen, überhaupt anfangen lasse.

Ein Bild mag da weiterhelfen: Der Agnostiker sieht sich in einem großen Haus lebend, mit seinesgleichen und mit anderen Wesen zusammen. Er weiß nicht, wer das Haus gebaut hat, noch auch, wozu und warum es gebaut worden ist, ja, er weiß nicht einmal, ob es überhaupt »gebaut« wurde oder nicht vielmehr, wie die Physiker berichten, auf irgendeine merkwürdige Weise sich gleichsam herauskristallisiert hat, samt seinen Zimmern und Einrichtungen und Bewohnern.

Nicht zu wissen, warum und wozu man in dem Hause lebt, muß nicht heißen, daß dieses Leben schier sinnlos sei – es besagt nur, daß das Leben möglicherweise keinen größeren Sinn hat als nur den, den man provisorisch aus den ersichtlichen Zusammenhängen des Hauses selbst gewinnen kann, sowie auch daraus, daß das Haus länger währt als ein Menschenleben darin, mithin sein Bestand gesichert werden sollte für jene, die ihr Leben darin gerade erst begonnen haben. Ein Haus zu demolieren, steht bestenfalls dem zu, dem es gehört – und dieses Haus gehört nicht uns. Für das Leben im Haus kann das alte Wort der Kinderfrau immerhin ein erster Vorschlag sein: Was du nicht willst, das man dir tu, das füg auch keinem anderen zu. Woraus sich wohl, mit gehöriger Vorsicht, manche vernünftige Entscheidung ableiten ließe: Das Lebensrecht als Grundwahrheit auf Gegenseitigkeit, und nicht erschlossen aus einem Wissen um den Sinn der Welt, sondern nur aus der Wahrnehmung des eigenen Daseins und einer legitimen Verallgemeinerung, die allen anderen das zuerkennt, was man selber beansprucht.

Im Bild des Hauses deutet sich an, daß auch dann, wenn kein fester, weit außerhalb liegender Bezugspunkt gedacht werden kann, vorläufige Ideen vom Angemessenen, Schicklichen, Erlaubten möglich sind, – woher auch immer sie ursprünglich kommen mögen: aus dem römischen Recht, aus dem Christentum, aus einem aufgeklärten Humanismus, oder gar – horribile dictu – aus einer Befreiung von den Vorschriften jener. Den Vorwurf, er lebe in dieser Hinsicht parasitär, nähre sich von den Werten der anderen, weil er selber aus seinem Agnostizismus

150

keine hervorzubringen vermag, muß der Agnostiker hinnehmen, gibt aber zu bedenken, ob denn jene ihre Werte selbst geschaffen haben oder nicht vielmehr nur durch den Verweis auf eine Instanz beglaubigen und dann im Ernstfall doch nicht imstande sind, eindeutig zu erklären, was denn den Wert beschädigen könne und was nicht. Die Unsäglichkeit eines Experimentierens mit Embryonen ist jedenfalls auf eine unbedingte Weise faßbar zu machen, wenn man nicht erst ermitteln muß, ab wann die Seele eines Menschen eine ist – worüber ja bekanntlich auch die Exegeten der Offenbarung zu verschiedenen Zeiten sehr verschiedener Meinung gewesen sind.

Aus Ungewißheit und Fraglichkeit folgt jedenfalls nicht notwendigerweise ein zynisches Gehenlassen oder eine opportunistische Beliebigkeit, wohl aber die anstrengende Freiheit, allein aus dem wechselseitig zugestandenen Lebensrecht alle Haltungen, Vorschläge und Forderungen begreiflich zu machen.

Auch Melancholie mag wohl aus der Überzeugung von der Unbegreiflichkeit folgen, eine sanfte Melancholie, wie sie dem Verzicht auf etwas Unerreichbares entspricht. Groß ist die Versuchung, der Melancholie dadurch zu entkommen, daß man schließlich doch nach dem Absoluten trachtet, daß man statt der Ungewißheit eine Gewißheit unter die Füße bekommen will und sich womöglich bei einem der zahlreichen Vorschläge, die dafür allenthalben gemacht werden, beruhigt. Besser wohl, die Melancholie in eine Art von Heiterkeit zu verwandeln: die Heiterkeit des Vergeblichen, aus der die Güte gedeihen kann und die Bescheidenheit. Denn Bescheidenheit ziemt sich, wo eben nicht die Kenntnis des Weltenplans postuliert, sondern die auf der Hand liegende Unfähigkeit des Menschen zu seiner Entschlüsselung angenommen wird. So kann es dem Agnostiker auch weniger um die Verbesserung des Menschen gehen (die oft genug das Motiv der umfassenden Liebe mit dem Werkzeug der unbarmherzigen Gewalt verbindet), sondern eher um die Schärfung des Sinnes für den unüberbrückbaren Größenunterschied zwischen ihm und dem Unbegreiflichen.

Den Agnostiker erfüllt äußerstenfalls eine dunkle Ahnung davon, daß der ihm sichtbare Weltausschnitt nicht alles ist, sondern in größeren Zusammenhängen steht; er hält vieles für möglich, ja, eigentlich muß er alles für möglich halten, – sogar: daß die Welt vom Teufel sei, und ein paar schwache Engel suchen zu retten, was zu retten ist.

Seine Ethik ist folglich die einer pragmatischen und skeptischen Vorsicht. Weder kann er die Welt – wie der Wissenschaftler – für zur Gänze verfügbar halten, noch ist er irgendwelcher Offenbarungs- oder Erleuchtungs-Erlebnisse teilhaftig geworden, die ihm, mehr oder weniger eindeutig, die Welt als Schöpfung, ihre Vervollkommnung als Sinn, den Tod als Durchgangstor zum eigentlichen Leben und das Böse als den Preis der Freiheit dargetan hätten. Er bewegt sich im Haus der Welt auf leisen Sohlen, stets dessen eingedenk, daß wir, genau genommen, nie wissen, was wir tun.

Der Agnostiker würde also, zum Beispiel, die extrakorporale Befruchtung ablehnen, aber nicht deshalb, weil er meint, daß die dabei zu tötenden Embryonen von Gott gemachte Seelen seien, sondern weil es sich um die willentliche Herbeiführung einer Nötigung zur Verletzung des wechselseitig zugestandenen Lebensrechtes handelt. Er am ehesten wird jeden Eingriff für einen möglichen Übergriff halten, sein Nichtwissen ist der weiteste nur denkbare Rahmen für jede Vorsicht und Rücksicht. Er würde beim Umgang mit allem, was für die Unbegreiflichkeit dieser Welt steht, mit Lebewesen und Genen, mit den Grundbausteinen der Stoffe, mit den Kräften und Gesetzen der Materie (die er selbst dann nicht versteht, wenn er sie stotternd buchstabieren kann) die äußerste Vorsicht walten lassen und würde sich in jedem Zweifelsfalle so verhalten wie einer, der sich durch einen dämmrigen Dschungel tastet: behutsam, keinen Schritt zuviel tuend und keinen Baum zuviel fällend. Im Hause des Unbegreiflichen schlägt man nicht mit den Türen, man bohrt nicht die Fundamente an, und man hinterläßt den Nachmietern keinen strahlenden Müll, der ihr Lebensrecht zumindest dadurch einschränkt, daß sie beständig darauf aufpassen müssen.

Der Agnostiker könnte, nach dem letzten Grund seines Handelns und Unterlassens befragt, auf nichts verweisen als auf die

Unbegreiflichkeit, darauf, daß die Welt größer ist als der Mensch und nicht von ihm gemacht, und daß wir nicht wissen, wie der Bandwurm und der Mensch und der Aronstab gemeint sind. Jenen, die ihren Experten-Optimismus berufsmäßig pflegen, ist der Agnostiker, wie er so mit beinahe leeren Händen dasteht, eher ein Spottbild denn ein Ärgernis, und sie werden ihn sowenig wie die Gläubigen, die ihre Entscheidungen nach *ihrem* Bild von Plan und Sinn dieser Welt fällen, als ernstzunehmenden Partner in ihren Ethik-Kommissionen dulden wollen, da ihm jeder Schein repräsentativer Autorität fehlt, über den jene so reichlich verfügen.

Aber vielleicht taugt sein Bild von der Welt doch wenigstens als Vergleichsbild bei den Entscheidungen derer, die mit ihren Apparaten die Welt demolieren, während sie sie beständig zu verbessern vorgeben: Gemessen an der Größe des Unbegreiflichen und an dem Versuch, es bitter ernst zu nehmen, gemessen also an der eingestandenen Hilflosigkeit des Agnostikers, wird die uneingestandene Hilflosigkeit um so leichter durchschaubar – ganz gleich, wie sie sich kleidet: als autonome Freiheit einer Wissenschaft, die sich selbst zum Weitermachen verdammt und lachend dem Abgrund entgegeneilt, oder als eine Heilsgewißheit, die uns notfalls, wie wir es unlängst von einem sehr christlichen Politiker hörten, über Restrisiken aller Art mit der Aussicht auf das ewige Leben trösten will, eine Gewißheit also, die noch im tiefsten Abgrund die Hoffnungslichter leuchten sieht und nicht bedenkt, daß es sich dabei vielleicht nur um den Widerschein der eigenen Kerzen handelt.

Könnte es nicht sein, daß das offenbar nötige neue Bewußtsein angesichts der fälligen Entscheidungen wieder ganz von vorn anfangen muß – bei der Unbegreiflichkeit?

Jürgen Dahl

Der unbegreifliche Garten und seine Verwüstung

Über Ökologie und über Ökologie hinaus

226 Seiten, 3 Abbildungen, Leinen mit Schutzumschlag
ISBN 3-608-93074-4

Der unbegreifliche Garten – das ist zum einen ein höchst reales Ensemble von Lebewesen, an denen Jürgen Dahl zeigt, daß nicht alle Phänomene des Lebens einfachen naturwissenschaftlichen Erklärungen zugänglich sind; zum anderen meint der »unbegreifliche Garten« auch die Gesamtheit dessen, was wir gemeinhin »Natur« oder »Leben« nennen. Vielen An- und Eingriffen ist dieser Garten ausgesetzt:

Ein naturwissenschaftliches Denken, das alles für erklärbar hält, aber die seiner Erkenntnismöglichkeit gesetzten Schranken geflissentlich leugnet, und eine Praxis der Forschung, die alle Freiheit für sich reklamiert, aber die damit einhergehende ethische Verantwortung allzu leichten Herzens delegieren möchte, haben den Blick für das Unbegreifliche verstellt und uns die Ehrfurcht vor dem Lebendigen – eine gar nicht transzendente, sondern sehr irdische Ehrfurcht – gründlich ausgetrieben.

Dahls Bestandsaufnahmen der Verwüstung sind punktuell, die Analyse des verwüstenden Ungeists aber ist konsequent bis zum bitteren Ende der Erkenntnis, daß nicht bessere Einsicht, sondern nur das Ende der Frevler den Frevel beenden kann. Präzision und Konsequenz der Analyse finden dabei ihre Entsprechung in der Schärfe und Treffsicherheit seiner Formulierungen; jeder dieser Essays legt Zeugnis ab von der stilistischen Meisterschaft des Autors, die nie artifizieller Selbstzweck wird, sondern immer deutlich werden läßt, wie sehr die Disziplin im Denken und die Disziplin beim Schreiben letztlich eins sind.

Klett-Cotta

Praktisches, Nachdenkliches, Widersetzliches
Aus einem Garten für alle Gärten

Jürgen Dahl
Nachrichten aus dem Garten

2., verbesserte Auflage 1987
144 Seiten, 66 Farbfotos, 34 Schwarz-Weiß-Abbildungen
Linson mit Schutzumschlag   ISBN 3-608-93120-1

Neue Nachrichten aus dem Garten

1987, 140 Seiten, 64 Farbfotos, 24 Schwarz-Weiß-Abbildungen
Linson mit Schutzumschlag   ISBN 3-608-93098-1

Jürgen Dahl, erfolgreicher Kolumnist der Zeitschrift »natur«, legt die bei seinen Lesern überaus beliebte Serie »Nachrichten aus dem Garten« jetzt in zwei Büchern vor, ergänzt, erweitert und völlig neu illustriert mit wunderschönen großformatigen Farbfotos, die zum größten Teil exklusiv für diese Bücher aufgenommen wurden.

So entstanden zwar Gartenbücher, aber zwei, die so ganz anders sind: Gartenbücher nicht nur für die Hand, sondern auch für den Kopf. Nicht nur zum Nachmachen, sondern auch zum Nachdenken. Dahls Konzept: der Mensch als das, was er bis zum Industriezeitalter schon immer war – als Gärtner. Doch aufgepaßt: Dahl redet nicht einer kurzsichtigen Öko-Strategie vom »einfach wachsen lassen« oder einer heilen Welt voller Biotope das Wort; auch mit der eher modischen »Naturgarten«-Welle setzt er sich auseinander. Der Mensch hat als Bauer und Gärtner schon immer in die Natur eingegriffen; es kommt nur darauf an, mit welcher Verantwortung es geschieht.

Dahl führt fast nur Dinge vor, die nicht in jedem Gartenbuch stehen. Und er ermutigt uns, ihm nachzueifern. Seine Vorschläge hat er allesamt im eigenen Garten ausprobiert und nach dem Zyklus des Gartenjahres geordnet, so daß man einfach Monat für Monat Dahl folgen und mit ihm experimentieren kann.

Klett-Cotta